**워런 버핏의 8가지
투자 철학**

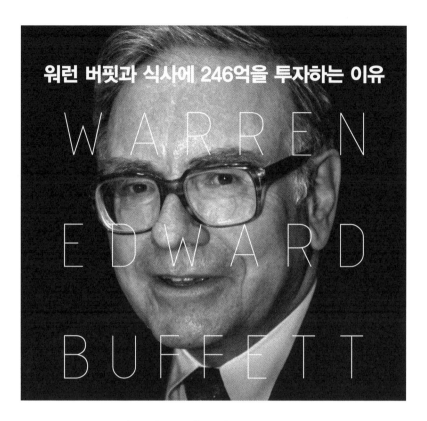

워런 버핏과 식사에 246억을 투자하는 이유

WARREN
EDWARD
BUFFETT

— 워런 버핏의 8가지 —

투자 철학

구와바라 데루야 지음 | 이해란 옮김

국일증권경제연구소

100조 원 이상의 자산을 가진 인격자,
워런 버핏에게 배우다

세계 제일의 투자자, 세계 유수의 자산가, 오마하의 현인(Oracle/sage of Omaha)….

이것들은 모두 워런 버핏을 지칭하는 수식어입니다. 약간 과장하여 '성(聖) 워런'이라고 부르는 사람도 있습니다. 현재 91년에 달하는 인생의 대부분을 투자를 위한 삶을 살면서 큰 위기나 실패 없이 세계에서 가장 큰 성공을 거두었기 때문입니다. 〈프롤로그〉 뒤에 수록된 〈워런 버핏 연표〉만 봐도 그가 높이 평가받는 이유를 잘 알 수 있습니다.

버핏이 태어나기 바로 전 해인 1929년 대공황의 방아쇠를 당겼다고 일컬어지는 '월가 전설의 투기왕 제시 리버모어'가 놀라운 성공과 수차례의 파산을 겪고 비극적인 최후를 맞이했듯이 투자의 세계에는 큰 성공과 큰 실패가 공존합니다.

워런 버핏의 8가지 투자 철학

그런 세계에서 별다른 실패 없이 역사상 최초로 투자로만 대부호가 되었을 뿐 아니라 '현인'이라는 칭호를 얻은 투자자는 버핏 말고는 아무도 없습니다.

물론 버핏도 태어날 때부터 특출나게 뛰어난 것은 아니었습니다. 연표에서 보다시피 처음에는 오마하라는 시골에 살면서 좋은 성과를 올리는 투자자에 불과했습니다. 그러다가 서서히 금융계에서 모르는 사람이 없는 존재로 성장했지요.

버핏은 워싱턴 포스트의 대주주를 거쳐 살로몬 브라더스의 임시 회장이 되었고, 2000년대에 들어서는 배우 아놀드 슈워제네거(2003년 캘리포니아주 지사 선거에 출마)의 재무 고문을 맡았습니다. 또한 빌&멜린다 게이츠 재단에 거액을 기부하는 등 여러 활동을 통해 자신의 명성을 쌓았습니다.

명성이 높아지면서 그만큼 버핏에 대한 관심도 높아졌습니다. 오마하에서 매년 열리는 버크셔 해서웨이의 연차 주주총회에는 세계 각지의 주주들이 버핏의 이야기를 들으러 달려오고, 버핏이 무언가를 쓰거나 말하면 투자자와 금융업자뿐만 아니라 세계인이 주목합니다.

도대체 왜 사람들은 이렇게까지 버핏에게 관심을 가질까요?

주주총회 자리에서 버핏은 이른바 '추천 종목'을 소개하지는 않습니다. 주주총회에서만큼은 시간제한 없이 주주의 질문에 대답하지만 그것은 "이렇게 하면 돈을 벌 수 있다"와 같은 종류의 이야기가 아닙니다.

그런데도 버핏의 이야기에 귀를 기울이는 의미에 대하여 마이크로소프트의 창업자이자 버핏의 오랜 친구인 빌 게이츠는 이렇게 말했습니다.

"버핏에게는 보통 사람보다 조금 앞을 내다보는 천부적인 재능이 있다. 버핏이 말하는 금언을 전부 외워도 그를 쫓아갈 순 없겠지만 그는 외울 가치가 있는 금언으로 가득 찬 인물이다."*

버핏이 하는 이야기는 대부분 오랜 세월에 걸친 투자 활동에서 나온 것입니다. 그렇다면 투자하지 않는 사람에게는 그의 이야기가 불필요할까요? 전혀 그렇지 않습니다. 버핏의 이야기는 아마존과 구글의 창업자가 경영을 실행하고 위기를 극복하는 버팀목이요, 앞으로 인생을 어떻게 살아갈지 고민하는 젊은 학생들의 지침이기도 합니다.

사실 필자인 저도 구글과 아마존 창업자가 걸핏하면 입에 올리는 워런 버핏이 어떤 인물인지 궁금해서 관심을 가졌다가 버핏의 말이 지닌 보편성과 범용성에 강하게 매혹되었습니다. 버핏에게 관심을 가진 투자가여서가 아니라요.

버핏은 압도적인 독서가인 데다 머리가 좋은 사람이지만 절대 어려운 단어를 사용하지 않습니다. 누구에게나 전달되는 쉬운 언어로 유머러스하게 이야기하기를 좋아하지요. 그러나 그런 한편으로 늘 내면의 평가표(자신의 판단 기준)를 중시하고, 자기가 믿는 원리 원칙에 충실한 삶을 살아가는 인물입니다. 이런 태도의 밑바탕에는 '돈을 불리는' 일에 지대한 관심을 가지면서도 '돈 때문에 악해지는 것은 어리석은 짓'이라는 생각이 깔려 있습니다.

이같은 버핏의 사고방식과 인생은 현재처럼 혼란스러운 시대를 살아가는 우리에게 중요한 지침이 될 것입니다. 코로나바이러스 감염 확산으로 앞을 내다보기가 어려운 시대, 눈앞이 캄캄할수록 사람들은 새로운 처방전을 원하기

---

* 《워런 버핏의 말: 세계 최고 투자자의 재치와 지혜》

섭습니다. 그래도 버핏을 보노라면 무슨 일이 있어도 흔들리지 않는 원리 원칙을 갖고, 자신이 옳다고 믿는 삶의 방식을 관철하는 태도가 중요하다는 생각이 듭니다.

버핏이 살아온 시대는 지금보다 더 혼란스러웠습니다. 시대의 격렬한 변화 속에서 때로 버핏은 '시대에 뒤처졌다'는 야유를 듣기도 했습니다. 하지만 그런 야유를 조금도 신경 쓰지 않고 '원리 원칙'과 '좋은 습관'에 충실한 삶을 살아왔기에 버핏은 남다른 성공과 명성을 얻었습니다.

현인 버핏에게는 천재 스티브 잡스와 같은 화려함은 없습니다. 다만 그는 잡스와 마찬가지로 '자기가 좋아하는 일을 평생 계속'하여 성공을 거두었습니다. 세상에는 다양한 성공 법칙과 쉽게 부자가 되는 방법이 넘쳐나지만 가장 중요한 것은 따로 있습니다. 버핏처럼 자기가 진심으로 좋아하고, 옳다고 여기는 일을 꾸준히 지속하는 태도입니다.

버핏의 말을 이해하면 투자에 대한 사고방식과 금전 감각은 물론 '어떻게 살아갈 것인가'라는 인생의 축도 함께 성장합니다. 금전적 성공, 사회적 성공과 더불어 정신적으로 여유로운 인생을 보내는 지침을 얻게 됩니다.

11세 때 처음으로 투자를 시작하여 80년째를 맞이한 최강의 투자자 워런 버핏. 그의 '버핏이즘'을 정리한 이 책이 지금처럼 위태로운 시대를 살아가는 우리 모두에게 '성공과 행복의 바이블'이 될 수 있다면 더할 나위 없겠습니다.

구와바라 데루야

1929년 〈세계 대공황〉

1930년 8월 30일, 미국 네브래스카주 오마하에서 하워드 버핏과 레일라 버핏의 둘째이자 장남으로 태어나다.

1936년 콜라와 껌을 판매하여 차익을 얻는 '작은 사업'을 시작하다.

1939년 〈제2차 세계대전 발발〉

1941년 〈태평양 전쟁 개전〉

1942년 아버지가 하원의원에 당선되어 워싱턴 D.C.로 이사했으나 도시에 적응하지 못해 꾀병을 부려 오마하로 돌아가다. 11세 때 120달러를 모은 버핏은 누나 도리스를 설득하여 시티즈 서비스의 주식 6주를 1주당 약 38달러로 매수하고, 40달러로 매도해 약 5달러씩 이익을 얻었다. 이것이 버핏의 첫 주식 투자였는데, 매도 후 주가가 200달러를 돌파했다. 버핏은 이 경험에서 많은 교훈을 얻었다.

1944년 처음으로 소득세를 신고하다. "나는 서른 살까지 백만장자가 되겠다"고 단언했다. 부자가 되는 것보다 '돈을 불리는' 일에 관심이 많아 도서관에서 감명 깊게 읽은 《1000달러를 버는 1000가지 방법》의 내용을 실천하기 시작했다.

1945년 〈제2차 세계대전 종전〉
신문 배달로 이미 2,000달러가 넘는 돈을 모은 버핏은 오마하의 철물점에 투자하는 한편으로 농지 40에이커(약 4만9천 평)를 1,200달러에 매입해 농장 경영을 경험한다.

1947년	고등학교 졸업 앨범의 장래 희망란에 '주식 중개인'이라고 적다. 명문 펜실베이니아 대학 와튼스쿨(경영대)에 입학하다.
1949년	펜실베이니아 대학을 중퇴하고 네브래스카 대학 링컨캠퍼스에 편입하다.
1950년	〈한국 전쟁(6·25 전쟁) 개전〉 평생의 스승이 될 벤저민 그레이엄의 저서 《현명한 투자자》에 감명을 받아 그레이엄의 가르침을 받기 위해 뉴욕주 컬럼비아 대학 대학원에 입학하다.
1951년	그레이엄의 회사에서 일하겠다는 소망을 이루지 못하고 오마하로 돌아와 아버지의 증권회사에서 일하다. 보험회사 가이코에 처음으로 투자하다.
1952년	네브래스카 대학 야간대에서 투자 원리에 대해 강의하다.
1954년	염원하던 직장인 그레이엄-뉴먼(그레이엄이 경영하는 자산운용회사)에 입사하다.
1956년	그레이엄-뉴먼이 해산하게 되어 뉴욕을 떠나 오마하로 돌아가다. 이때 자산은 이미 17만 달러. 첫 회사인 '버핏 어소시에이츠'를 설립하다.
1958년	총 여섯 개의 회사(파트너십)를 운영하다. 3만 1,500달러로 오마하 교외에 자택을 구매하여 현재까지 거주 중이다.
1962년	훗날 자신의 회사가 될, 당시에는 섬유회사였던 버크셔 해서웨이의 주식을 매수하다.
1965년	〈미국이 베트남 전쟁에 본격적으로 개입하기 시작〉 버크셔 해서웨이의 경영권을 취득하다. '1억 달러를 투자해서 5%의 이익을 얻기보다 1,000만 달러를 투자해서 15%의 이익을 내는' 기업이었으면 한다고 선언한 이래 2021년 현재까지 버크셔 해서웨이의 주식은 5만 배 이상 상승했다.

1969년 　버핏 어소시에이츠를 해산하고 버크셔 해서웨이 경영에 전념하다. 《포브스》가
　　　　 처음으로 버핏에게 주목하여 '오마하는 어떻게 월가에 완승했나'라는 기사를 게
　　　　 재하다.

1972년 　〈워터게이트 사건(리처드 닉슨 대통령의 측근이 닉슨의 재선을 위해 워싱턴 워터게이트
　　　　 빌딩에 있는 민주당 본부에 침입하여 도청 장치를 설치하려 한 사건)〉

1973년 　워싱턴 포스트 컴퍼니에 투자하다.

1975년 　〈베트남 전쟁 종전〉

1976년 　경영 위기에 빠진 보험회사 가이코에 재투자를 시작하고 재건에 힘쓰다.

1978년 　찰리 멍거가 버크셔 해서웨이 부회장으로 취임하다.

1979년 　'포브스 400(《포브스》가 선정하는 미국의 400대 부자 순위)'에 처음으로 등장하다.
　　　　 이때 자산은 6억 2,000만 달러.

1985년 　버크셔 해서웨이의 섬유 부문을 폐쇄하고 경영 회사로 변모하다.

1986년 　'포브스 400' 상위 10위에 처음으로 진입하다(5위). 자산은 14억 달러.

1987년 　〈블랙 먼데이(1987년 뉴욕 증권시장에서 일어난 주가 대폭락 사건)〉

1988년 　코카콜라 주식을 매수하기 시작하다.

1991년 　국채 부정입찰로 존속의 위기에 놓인 살로몬 브라더스의 임시 회장이 되어 위기
　　　　 회복에 힘쓰다.

　　　　　　　　　　　　　　　　　　　　　워런 버핏의 8가지 투자 철학

1993년   '포브스 400' 1위에 오르다(2위는 빌 게이츠).

1997년   《뉴욕 타임스》에 '오마하의 현인(Sage of Omaha)'으로 소개되다.

2000년   IT 거품이 붕괴하면서 버핏의 혜안이 다시 평가되다.

2001년   〈미국에 동시다발적 테러 발생〉

2006년   자산의 85%를 자선단체에 기부하겠다고 발표하다. 현재까지 370억 달러를 기부했다.

2007년   〈서브프라임 모기지 사태〉

2008년   〈국제 금융 위기(리먼 쇼크)〉
'포브스 400' 1위에 오르다.

2011년   〈동일본 대지진〉
처음으로 일본에 입국하여 선행투자 할 후쿠시마현의 공장을 방문하다.

2012년   전립샘암(전립선암)에 걸린 사실을 공표하다.

2020년   〈신종 코로나바이러스 감염 확대〉

2021년   코로나 시국의 영향을 뛰어넘어 버크셔 해서웨이의 제1사분기 결산은 70억 달러의 영업이익을 계상. 후계자로 그렉 아벨 부회장(58세)을 지명하다.
세계에서 여섯 번째로 개인 자산 1,000억 달러 이상의 대부호가 되다.

CONTENTS ——————————————————————————

서장

'오마하의 현인' 버핏은 왜 계속 성공할까?

서장

'오마하의 현인' 버핏은 왜 계속 성공할까?

경영자도 우러러보는
'오마하의 현인'

코로나 시국에도 자신의 태도를 관철하여 이익을
낸 워런 버핏. 구글의 래리 페이지와 아마존의 제
프 베이조스도 버핏에게 배운 바를 경영에 활용
하고 있다.

제1화

구글의 래리 페이지와
아마존의 제프 베이조스는
버핏에게 무엇을 배웠는가?

워런 버핏은 마이크로소프트의 창업자인 빌 게이츠와 오랜 친구이고, 직접 경영하는 버크셔 해서웨이에서 애플의 주식을 대량 보유하고 있기에 대형 IT 기업과 무관하지 않습니다. 그러면서도 구글(모회사는 알파벳)이나 아마존, 페이스북, 테슬라 같은 기업에는 특별한 관심을 보이지 않습니다.

버핏에게 애플은 아이폰, 아이맥 등을 판매하는 '메이커'이자 압도적인 브랜드력까지 포함하여 장기간 보유하고 싶은 기업입니다. 그에 비해 구글이나 아마존은 '깜냥 밖(철학3 참조)'에 있는 기업이라 생각합니다.

물론 구글이 아이폰에 대항할 고가의 스마트폰(하이엔드 모델인 픽셀6과 픽셀6 프로)을 발매하고, 아마존이 소형 백화점을 출점하는 등 버핏이 이해할 만한 전략도 취하는 만큼 앞으로는 어떻게 될지 모르겠습니다. 그렇지만 적어도 현시점에서는 이들 기업이 버핏의 '깜냥 안'으로 들어갈 일은 없을 듯싶습니다.

이렇게 쓰면 애플을 제외한 GAFA(구글·아마존·페이스북·애플)는 버핏과 인연이 없구나 하고 오해하는 사람도 있는데, 버핏이 GAFA의 창업자들에게 미친 영향은 어마어마합니다.

구글이 2004년에 주식을 공개한 방식은 하나부터 열까지 월가(Wall Street)의 상식에 반하는 것이었습니다. 창업 이래 '상식을 의심'함으로써 구글을 성장시켜 온 래리 페이지와 세르게이 브린다운 방식이었지요. 두 사람은 자신들의 경영 방식을 정당화하는 데 버핏의 말을 인용했습니다.

2004년 4월, 증권거래위원회에 신규 공개주를 신청했을 때 두 사람은 구글의 재무 상황 및 업무 명세를 공개하면서 자신들의 경영 자세를 나타내는 편지를 첨부했습니다. 그 편지에는 다음과 같이 쓰여 있습니다.

"경영진이 이런저런 단기 목적에 눈길을 주는 것은 다이어트를 하는 사람이 30분마다 몸무게를 재는 것처럼 빗나간 행위입니다. 워런 버핏이 말했듯이 사분기나 연간 실적을 우리가 고르게 만들 필요는 없습니다. 회사가 받은 결산 숫자가 들쭉날쭉하다면 여러분이 볼 때도 그것은 들쭉날쭉할 것입니다."

-데이비드 A 바이스, 마크 맬시드, 《구글 스토리》, 델타클래식(2008)[*]

---

[*] 한국어로 번역 출간된 도서의 정보는 다음과 같다. 데이비드 A 바이스&마크 맬시드, 《구글 스토리》, 우병현 역, 인플루엔셜(2019).

이는 구글 창업자 두 사람의 '장기적으로 최선이라 여겨지는 일이라면 무엇이든 하겠다'라는 의사표시였습니다. 또한 버핏과 오래 인연을 맺어 온 워싱턴 포스트처럼 두 종류의 주식(A주와 B주)을 발행해 창업자인 자신들의 경영권을 확고히 함으로써 '구글의 경영을 월가가 휘젓지 못하도록 하겠다'는 결의표명이기도 했지요. 그것을 정당화하기 위해 두 사람은 버핏의 힘을 빌렸습니다.

아마존의 창업자인 제프 베이조스도 회사가 곤란에 직면했을 때 버핏의 힘을 빌렸습니다. 1994년에 창업하여 1995년부터 서비스를 시작한 아마존은 불과 2년 후인 1997년 5월에 주식을 공개합니다. 당시는 인터넷 관련 기업에 대한 투기가 과열된 '넷 버블' 시대라 스티브 잡스가 이끄는 픽사도 그즈음에 상장하는 등 이익이 날지 말지보다 회사의 성장성이 중시되었죠.

그때 아마존은 '인터넷의 이미지 캐릭터'였고, 베이조스도 인기가 높았습니다. 하지만 2000년에 일어난 넷 버블 붕괴와 함께 아마존의 주가는 106달러를 정점으로 내리막길을 걷기 시작하여 2000년 6월에는 33달러까지 떨어졌습니다. 사내 분위기가 요동치고, 이익을 내라는 월가의 압박이 날로 거세지자 베이조스는 전체 집회에서 "주가가 30% 올랐다고 해서 우리가 30% 더 똑똑해졌다고 느끼지 않듯이 주가가 30% 떨어졌다고 해서 우리가 30% 더 어리석어졌다고 느낄 필요는 없다"라고 호소하며, 버핏이 자주 인용하는 벤저민 그레이엄의 명언을 소개했습니다.

"주식 시장이란 단기적으로는 투표 집계기와 같고, 장기적으로는 저울과 같다."

　　–브래드 스톤, 《만물상점: 제프 베이조스와 아마존의 시대》, 백베이북스(2014)[*]

　　버핏이 지적했듯이 주식시장은 변덕스러워서 매번 그 기업의 가치에 상응하는 주가가 매겨지지는 않습니다. 그렇지만 장기적으로 보면 회사가 가진 진정한 가치가 반영되므로 눈앞의 주가에 휘둘려서는 안 된다고 버핏은 생각합니다.

　　당시에 베이조스는 버핏을 높이 평가하며 이렇게 말했습니다.

"워런 버핏이 하는 말에 귀를 기울여야 한다. 독하게 말하기는 해도 어쨌든 그는 천재고, 그의 말은 지금까지 쭉 들어맞았다."

　　–앨리스 슈뢰더, 《스노볼》, 반탐(2009)[**]

　　그리고 2012년 워싱턴 포스트의 사장인 도널드 그레이엄이 회사 매각 문제로 주주이자 상담 상대인 버핏에게 몇 명의 목록을 보여주며 누가 적합하겠느냐고 물었을 때, 버핏은 베이조스를 '미국 최고의 CEO'라고 평가했습니다. 이후 워싱턴 포스트는 아마존이 아닌 베이조스 개인에

---

[*]　　한국어로 번역 출간된 도서의 정보는 다음과 같다. 브래드 스톤, 《아마존, 세상의 모든 것을 팝니다》, 야나 마키에이라 역, 21세기북스(2014).

[**]　　한국어로 번역 출간된 도서의 정보는 다음과 같다. 앨리스 슈뢰더, 《스노볼》, 이경식 역, 알에이치코리아(2021).

게 매각하기로 결정했습니다.

페이스북 창업자인 마크 저커버그는 버핏과 직접적인 접점은 없습니다. 다만 저커버그는 버핏에게 다양한 가르침을 받은 도널드 그레이엄(워싱턴 포스트 전 사장, 페이스북 이사)에게서 CEO의 마음가짐을 배웠습니다. 버핏은 도널드의 어머니인 캐서린 그레이엄의 상담 상대이기도 했습니다.

대학 기숙사에서 사업을 시작한 저커버그는 창업하고 얼마 지나지 않아 '회사의 CEO가 되는 것은 대학 기숙사에서 누군가의 룸메이트가 되는 것과는 아주 다른 경험'임을 깨닫습니다. 깨달음을 얻은 그는 그레이엄에게 "워싱턴 포스트에 방문해 CEO로서 일하는 모습을 견학하고 싶다"라고 의뢰하고, 며칠간 그와 함께 지냅니다.

이때 저커버그는 많은 배움을 얻습니다. 그중에서도 워싱턴 포스트의 주식이 A주와 B주로 나뉘어 있음을 보고, 회사를 장기적인 관점에서 경영하려면 그러한 제도가 유효하다는 점을 알게 됩니다. '장차 이런 시스템이 필요해지겠구나'라고 말입니다.

버핏은 그날그날 주가가 어떤지, 사분기 결산이 어떤지, 실적 전망이 어떻고 전망과 실적의 차이가 어떤지에는 관심을 보이지 않습니다. 월가의 사람들은 숫자 하나하나에 일희일비하며, 사분기 결산 숫자가 전망보다 좋은지 나쁜지 내년 전망이 어떤지를 일일이 자신들의 장삿거리로 삼습니다.

이것은 기업 경영자에게 대단히 골치 아픈 문제입니다. 전망은 어떤가,

전망과 비교하여 실적은 어떤가, 그래서 주가가 올랐는가 아니면 떨어졌는가에 온통 신경이 소모되기 때문입니다. 이 문제는 버핏이 최강의 기업 중 하나로 손꼽으며 거액을 투자하는 코카콜라에서도 일찍이 경험한 것인데, 버핏은 문제를 일으키는 원인이 '이익 조작'에 있다고 지적합니다.

월가에서 기대하는 예상 이익에 맞추기 위해, 주가를 올리기 위해 경영진은 이런저런 숫자 조작으로 실적을 과장하려 합니다. 현실을 나타내는 숫자가 아니라 기대에 부응하는 숫자를 만들려고 합니다. 이같은 행위는 나중에 갚으면 된다며 계산대에서 5달러를 훔치고, 10달러 20달러를 훔치다가 이윽고 모두를 연루시키는 조직적인 절도죄나 다름없다고 버핏은 규탄합니다.

그렇게 되지 않으려면 어떻게 해야 할까요? 버핏은 이렇게 충고합니다.

"애널리스트에게 맞춰 전망을 조작할 필요는 전혀 없습니다. 우리가 매년 벌어들인 결과를 종이에 써서 보여주면 그만입니다."*

숫자가 들쭉날쭉하다면 들쭉날쭉한 대로 괜찮습니다. 허풍을 떨거나 과장할 필요도 없습니다. 버핏은 월가, 투자자, 신용평가회사의 비위를 맞추는 숫자놀음을 몹시 싫어합니다. 그것은 사람을 속이는 행위라고 여기지요.

――――
* 《스노볼》

물론 버핏이 이익을 낼 필요가 없다고 생각하는 것은 아닙니다. 버핏이 추구하는 바는 눈앞의 이익이나 주가에 일희일비하지 않고, 회사 자체의 가치를 높이는 일입니다. 장기간에 걸쳐 모두가 필요로 하는 물건을 만들고, 서비스를 제공하는 일입니다.

이러한 버핏의 사고방식과 버크셔 해서웨이 및 워싱턴 포스트의 경영방식(A주와 B주로 나누어 장기적인 관점에서 경영하는 방식)은 구글, 아마존, 페이스북 등에 강력한 영향을 주어 이들 기업의 급성장을 뒷받침했습니다.

제2화

동일본 대지진이 일어난 해에
왜 일본을 방문하고, 왜 투자했을까?

버핏은 소니 창업자인 모리타 아키오와의 만찬에서 음식에 전혀 손을 대지 못했을 정도로 일식을 못 먹습니다. 원래 소니에는 관심이 있었지만 2000년에 진행된 《닛케이 비즈니스》와의 인터뷰에서 "소니 주식에 흥미는 있지만 비싸다"라고 매수를 보류하는 자세를 보였습니다. 실제로 당시에는 일본보다 한국이나 중국 주식에 관심이 높기도 했습니다. 놀라운 점은 그런 버핏이 후쿠시마현 이와키시에서 열린 공구 제조회사의 신공장 완공식에 참석하기 위해 일본에 처음 방문한 시기가 2011년 11월이었다는 것입니다.

2011년 3월, 일본에서는 동일본 대지진이 일어났습니다. 원자력 발전소 사고의 영향까지 더해져 많은 외국인이 일본을 떠나거나 일본 방문을 망설이는 와중에 버핏은 오히려 일본에 왔습니다. 버핏이 오기 좀 전에는 테슬라와 스페이스X를 이끄는 일론 머스크가 일본 후쿠시마에 방문하여 태양광 발전 설비를 기증했고요. 이런 용기 있는 행동은 일본인에게 큰 격려가 되었습니다.

당시 일본 기업을 둘러싼 환경은 매우 혹독했습니다. 수출 산업에서 엔화값 상승과 달러값 하락이 급속히 진행되고, 유로화 가격까지 하락하면서 일본이 의지하던 서양 시장은 이익을 내기 어려운 시장이 되었습니다. 한국, 중국, 대만 기업의 약진도 현저한 데다 일본의 특기였던 반도체며 전자제품 등의 분야에서도 치열한 경쟁이 강요된 시기였습니다.

저출생·고령화에 따른 일본 시장의 축소, 혹독한 수출 환경, 여기에 더한 타격을 입힌 동일본 대지진…. 이만한 악조건이 겹치면 일본 기업의 앞날에 비관적이지 않을 수 없을진대 처음으로 일본을 방문한 버핏은 투자할 기업의 설비가 훌륭하고 사원이 우수하다고 칭찬했습니다. 그뿐 아니라 "일본인과 일본 산업에 대한 내 관점은 변함이 없습니다"라고 딱 잘라 말했습니다. 자신이 진정으로 원하는 일은 일본의 대기업 매수라고 말이죠.

"만약 일본 대기업이 내일 버크셔에 전화해서 기업을 매수해 달라고 요청한다면 곧장 비행기를 타고 날아갈 겁니다."[*]

일본의 주식 시장이 장기간 침체에서 벗어나지 못하는 상황에서 왜

---

[*]   《닛케이 베리타스》, 194호, 니혼게이자이신문사

버핏은 이토록 자신있게 일본 기업에 투자하겠다고 단언했을까요? 그는 회견에서 다음과 같이 이야기했습니다.

"나뿐만이 아니라 전 세계의 사람들이 이번 지진 및 원자력 발전소 사고 이후의 일본을 보고, '역시 일본은 전진을 멈추지 않는 국가구나'라는 점을 새삼 느꼈으리라 생각합니다."

지진을 겪고도 버핏의 일본에 대한 관점은 달라지지 않았습니다. '사회와 소비자에게 없어서는 안 될 물건을 만드는 회사이고, 장기간에 걸쳐 경쟁력을 가질 수 있는 기업이라면 기꺼이 투자하고 싶다'. 그것이 버핏의 생각이었습니다.

그로부터 약 9년 뒤인 2020년 8월, 버핏이 경영하는 버크셔 해서웨이에서 일본 5대 종합상사(이토추 상사, 미쓰비시 상사, 미쓰이 물산, 스미토모 상사, 마루베니)의 주식을 취득했다고 발표했습니다. 빅뉴스였지요.

금액으로 환산하면 대략 60억 달러에 달하는, 버핏이 일본에 투자한 금액으로는 최대급 투자였습니다. 그러나 투자 이후 5사의 주가가 계속 내려가자 "왜 버핏은 이제 와 일본의 상사에 투자하는가?"라는 의문의 목소리가 불거져 나왔습니다. 버핏은 그 이유를 본인 입으로 분명하게 설명하지는 않았어요.

세계적인 코로나 사태로 상품 수요가 악화하여 남아돌게 된 돈이 가치주(價値株)보다 성장주(成長株)로 흘러가는 가운데, 일본 상사의 주식은 이익을 내도 주식 시장에서는 뒤처진 존재가 되었습니다. 그렇지만 버핏은 백신 개발과 함께 조금씩 안정감을 회복해 가는 세계에서 '잊힌 분야의 가치주'가 재평가될 것이라는 기대로 투자를 단행하지 않았을까 생각됩니다.

실제로 버핏은 5%의 보유주 비율을 10% 가까이 높일 가능성도 있다고 인정했습니다. 나아가 "장차 서로에게 이로운 일을 하고 싶다"*라고도 이야기했습니다. 이 말인즉 그만한 가능성을 느꼈다는 뜻이겠지요.

이듬해인 2021년 2월, 버핏은 버크셔 해서웨이의 정기 행사인 〈주주에게 보내는 편지〉를 공개했습니다. 그 편지에 따르면 버크셔 해서웨이의 상장주 보유액 상위 15개 종목에는, 일본 기업 최초로 이토추 상사가 포함되었습니다. 보유액은 23억 달러이고, 보유율은 5%대였지만 버핏은 이토추 상사와 관련하여 약 5억 달러의 미실현 이익이 있다고 밝혔습니다.

뒤에서 이야기하겠지만 버핏은 미국 경제가 약해진다고는 여기지 않습니다. 다만 상위 15개 종목에는 일본의 이토추 상사 외에도 중국의 전기 자동차 제조사인 비야디(BYD)가 포함되는 등 이제껏 미국 주식에 편중되었던 모습에서 조금씩 벗어나고 있는 듯합니다. 일본의 5대 상사에 대한 투자도 그것이 가치주이기 때문만이 아니라 자산 구성의 균형을 바꾸는 과정의 하나로 보입니다.

---

* 《닛케이 ESG》, 닛케이BP

후쿠시마를 방문했을 때, 버핏은 지진 피해 지역의 사람들을 격려하고 지방 매체의 요청에 응답하여 "간밧페, 후쿠시마(후쿠시마 근방 사투리로 '힘내라, 후쿠시마'라는 뜻)"라고 일본어로도 응원했다고 합니다. 주요 선진국 중 일본만 경제 회복이 뒤처지는 상황에서 버핏이 일본 주식에 투자했다는 사실은 큰 격려가 됐습니다. 버핏은 '일본도 아직 쓸만하다, 버릴 패가 아니다'라는 인식을 심어 준 존재입니다.

제3화

코로나 시국에도 버핏이 관철한 'Never bet against America'란?

버핏이 이끄는 버크셔 해서웨이의 상장주 보유 상위 15개 종목에 중국 기업과 일본 기업이 등장했다고는 하나 상위를 차지하는 기업은 여전히 애플, 뱅크 오브 아메리카, 코카콜라, 아멕스(아메리칸 익스프레스) 같은 미국이 자랑하는 초우량 기업입니다. 여기에는 미국 경제에 대한 버핏의 강한 신뢰가 깔려 있습니다. 게다가 그동안 버핏은 미국 바깥에 있는 기업은 자신의 '깜냥 밖'에 있다고 생각했습니다.

예전에 버핏은 "만약 코카콜라 본사가 애틀랜타가 아닌 런던이나 암스테르담에 있었다면 우리는 어떻게 했을까요?"라고 자문한 뒤 "대답은 물론 '투자한다'입니다"라고 자답한 적이 있습니다. 그러고는 "하지만"이라고 주석을 달았죠.

"하지만 애틀랜타에 있을 때와 똑같이 투자하겠느냐고 하면 좀 멈칫하게 됩니다. 국가가 달라지면 기업 통치며 법인세제, 주주에 대한 기업의 자세 등이 미묘하게 달라져서, 충분히 이해할 수 없어지니까요. 같은 영어를 사용하는 영국이라 할지라도 미국과 똑같이 이해할 수는 없습니다."

–재닛 로우, 《워런 버핏의 말: 세계 최고 투자자의 재치와 지혜》, 존윌리&손스(1997)*

그리고 이런 이야기도 했습니다.

"자신이 태어나 자란 문화조차 그 특색과 복잡성을 다 이해하기 어려운데 다른 문화는 오죽하겠습니까. 어쨌든 버크셔의 주주는 대부분 달러를 쓰며 생활합니다."**

전자가 1995년, 후자가 1988년의 발언입니다. 아직 인터넷이 보급되지 않은 시대, 늘 '깜냥껏' 투자하는 버핏으로서는 당연히 미국에 본사가 있는 기업이어야 잘 이해할 수 있고, 장기적인 성장을 확신할 수 있었겠지요.

당시 세계를 무대로 투자하던 제프 베이조스라든가 짐 로저스와 비교하면 퍽 보수적이라는 느낌도 듭니다. 하지만 "미국 시장에서 이익을 내지 못하면서 다른 시장에서 돈을 벌겠다는 생각은 그저 희망적인 관측

---

* 한국어로 번역 출간된 도서의 정보는 다음과 같다. 재닛 로우, 《워렌 버핏, 부의 진실을 말하다》, 김기준 역, 크레듀하우(2008).

** 《워런 버핏의 말: 세계 최고 투자자의 재치와 지혜》

에 불과하다'라는 것이 버핏의 관점입니다. 자신은 미국만으로 넉넉한 이익을 낼 자신이 있기에 가능한 발언이기도 하겠고요.

그런 버핏의 미국 경제를 향한 신뢰는 예나 지금이나 한결같습니다. 신종 코로나바이러스 사태로 한때는 경제 성장이 느려지고, 도널드 트럼프 전 대통령 시대부터 정치적 혼란과 사회 분단이라는 문제까지 끌어안은 미국이지만 버핏은 버크셔 해서웨이의 〈주주에게 보내는 편지〉에서 아래와 같이 적었습니다.

"사회 통합을 위한 발걸음은 더디고 때로 실망스럽지만 우리는 진보해 왔다. 앞으로도 진보할 것이다."

나아가서는 이렇게 강조했습니다.

"미국이 쇠퇴하는 방향으로는 절대 투자하지 마라(Never bet against America)."

이 문장에는 미국 경제에 대한 강력한 신뢰가 담겨 있습니다. 그렇기에 버핏은 더더욱 미국 기업에 투자하기를 바라며, 그것도 '코끼리급' 매수를 노린다고 공언하고 있으나 아직 대형 매수는 실현하지 못했습니다. 세계적으로 돈이 남아도는 데다가 다른 투자 펀드와의 경쟁이 격렬해져서 대형 매수는커녕 1,380억 달러나 되는 보유 자금(2020년 12월 말)의 일부를 과거 최대 규모의 자사주 매수로 돌릴 수밖에 없었습니다.

버크셔 해서웨이의 2021년 주주총회에서 버핏은 자사 사업에 대해 "예상보다 꽤 순조로운 미국의 경기 회복이 사업에 순풍이 되고 있다"라고 꼭 집어 말했습니다. 또한 현재의 주식 시장은 "카지노처럼 느껴진다"며 "이런 상황에서는 기회가 없다"라는 사실을 솔직히 인정했습니다.

요컨대 시장 과열로 인한 불안이 일본 기업 투자라든가 미국 내에서의 신중한 투자로 이어졌지만, 미국 경제를 향한 버핏의 신뢰는 미동조차 없는 것이 지금의 상황이지 않을까 싶습니다.

워런 버핏의 8가지 투자 철학

제4화

버크셔 해서웨이는 어떻게
코로나 시국에도 이익을 낼 수 있을까?

2021년 5월에 발표된 버크셔 해서웨이의 제1사분기 결산이 호조였습니다. 영업이익은 전년 동기 58억 7,000만 달러에서 20% 증가하여 70억 2,000만 달러로 늘고, 순이익은 전년 동기 대폭 적자에서 117억 1,000만 달러의 흑자로 돌아섰습니다. 이로써 BNSF 철도(구 벌링턴 노던 산타페)와 가이코 같은 대기업을 비롯하여 산하에 많은 회사를 거느린 버크셔 해서웨이가 세계적인 코로나 사태라는 최악의 시기를 벗어난 것 아니냐는 평가를 받고 있습니다.

2020년도 제1사분기에 버크셔 해서웨이는 497억 5,000만 달러의 적자를 계상했습니다. 이 숫자만 보면 버핏도 코로나 시국의 영향을 피할 수 없었구나 싶지만, 이때도 영업이익은 전년 동기 55억 6,000만 달러에서 58억 7,000만 달러로 증가했으므로 결코 나쁜 숫자는 아닙니다.

그럼 왜 497억 5,000만 달러나 적자였을까요? 코로나 사태로 인해 철도 사업에서 운송량이 감소하고, 소매 사업에서 일시적인 점포 폐쇄가 불가피해진 영향도 있었으나 가장 큰 이유는 주가가 크게 하락하여 545억 달러라는 평가손실을 계상했기 때문입니다.

2018년 1월, 회계 기준이 변경되어 주식 등의 가치를 시세로 계상하게 되었습니다. 기존 기준으로는 순수익에 계상할 필요가 없었던 보유주의 평가손실을 계상하게 되면서, 그해 제1사분기에 버크셔 해서웨이는 순수익 11억 4,000만 달러의 적자를 계상해야 했습니다.

이것은 버크셔 해서웨이처럼 대량의 주식을 보유한 기업에는 주식 시장의 동향에 따라 순수익이 좌우될 가능성이 큰 변경이었습니다. 그날그날의 주가 동향에 신경을 쓰지 않는 버핏에게는 골치 아픈 변경이었고요. 2020년 제1사분기에 버크셔 해서웨이가 497억 5,000만 달러의 적자를 계상한 것은 그야말로 주식 시장의 영향을 정통으로 받은 결과였다고 할 수 있습니다.

당연히 월가의 사람들과 애널리스트도 545억 달러의 평가손실에 주목했습니다. 그런데 그것은 과연 버크셔 해서웨이에 대한 올바른 평가일까요? 버핏은 주식의 장기 보유를 지향하며, 우수한 주식은 되도록 영원히 보유하고 싶어 합니다. 더군다나 설령 주식 시장의 변덕으로 거액의 평가손실이 생긴다손 치더라도 버크셔 해서웨이가 정말 그만한 경제적 손실을 입을까요? 그럴 리 없습니다.

그런 의미에서 우리가 버크셔 해서웨이와 관련하여 주목해야 할 점은 '실제로 얼마만큼의 이익을 냈느냐'입니다. 버크셔 해서웨이의 2020년 결산은 다음과 같습니다.

구분	2020년	2019년
순이익	425억 2100만 달러	814억 2000만 달러
영업이익	219억 2200만 달러	239억 7200만 달러

신종 코로나바이러스의 감염 확산을 배경으로 보유주의 평가손실과 사업의 감액손실이 부풀었지만, 영업이익은 219억 2,200만 달러를 확보했다는 데서 버크셔 해서웨이의 저력을 느낍니다. 그리고 맞이한 2021년, 제1사분기의 숫자가 호조일뿐더러 일부를 제외한 버크셔 해서웨이의 많은 사업이 수익 면에서 '대폭 확대'로 돌아섰기에 버크셔가 최악의 시기를 벗어났다고 평가된 것입니다.

물론 앞으로도 주식 시장의 동향에 따라 버크셔 해서웨이의 결산 숫자는 변동되겠지만, 버핏은 주식의 장기 보유를 기본으로 삼기 때문에 평가손실은 어디까지나 종이 위 숫자에 불과합니다.

또한 버핏은 다른 기업처럼 결산 숫자를 좋게 보일 요량으로 보유한 주식을 사고팔아 숫자를 조작하지도 않습니다.

버핏에게 주식은 단순한 종잇조각이 아니라 어디까지나 '사업의 일부'입니다. 가능한 한 오래 소유하고 싶고, 가능하다면 영원히 갖길 원하는 버핏의 투자 원칙을 알면 버크셔 해서웨이의 결산에 대해서는 월가와 조금 다른 관점이 생기지 않을까요?

제5화

버핏은 어떻게
'오마하의 현인'이 되었을까?

워런 버핏은 1930년, 아버지 하워드(Howard Homan Buffett)와 어머니 레일라의 둘째 자식이자 장남으로 태어났습니다. 대공황이 일어난 이듬해였습니다.

주식 중개인이던 아버지는 주식이 팔리지 않고, 돈을 저축하던 은행마저 파산하는 등 한동안 힘들게 살았으나 버핏-스클레니카&컴퍼니를 개업한 이후 보수적인 투자를 고수하며 조금씩 실적을 쌓아 곧 안락하게 사는 중산층 수준으로 생활하게 되었다고 합니다.

《스노볼》을 보면 당시 버핏이 이렇게 회상했다는 것을 알 수 있습니다.

"어릴 적, 나는 좋은 것들에 둘러싸여 지냈다. 온갖 재미있는 이야기를 하는 사람들이 가족이라 감사했다. 게다가 부모님은 지적이고, 나는 좋은 학교에 다닐 수 있었다. 그만큼 이상적인 부모도 또 없을 것이다. 그것이 대단히 소중했다. (중략) 태어난 장소와 시기가 환상적이었다. 말하자면 '태어날 때부터 복권에 당첨'된 셈이었다."

이윽고 버핏은 작은 사업을 시작하여 모은 돈으로 난생처음 주식 투자에 도전하는 등 일찍부터 '돈을 불리는' 일에 강한 흥미를 보였습니다. 고등학교를 졸업할 무렵에는 졸업 앨범의 자기 사진 아래에 '주식 중개인 지망'이라고 장래 희망을 적을 정도였지요.

그토록 금융과 투자에 관심이 높았던 버핏은 어릴 적부터 도서관의 책을 탐식하듯 읽었습니다. 하원의원인 아버지에게 부탁해서 국회도서관의 책까지 탐독했어요. 그러나 버핏의 인생을 결정한 책은 네브래스카 대학 링컨캠퍼스 시절에 갓 출판된, 벤저민 그레이엄의 《현명한 투자자》* 였습니다.

버핏은 그레이엄이 가르치는 컬럼비아 대학 대학원에 진학하고, 그레이엄이 경영하는 그레이엄-뉴먼에서 1954년부터 1956년까지 근무하며 그의 가르침을 탐욕스럽게 배웠습니다.

배운 보람이 있어서 그레이엄-뉴먼의 해산으로 고향인 오마하에 돌아가 회사를 설립한 버핏의 수중에는 자금이 두둑했습니다. 17만 4,000달러. 연 60% 이상의 비율로 돈을 불리던 당시의 버핏이라면 그 돈만 운용해도 목표였던 백만장자가 될 터였습니다. 그래서 한때 버핏은 은퇴하여

---

* 한국어로 번역 출간된 도서의 정보는 다음과 같다. 벤저민 그레이엄, 《현명한 투자자 개정4판》, 이건 역, 신진오 감수, 국일증권경제연구소(2020).

자기 자산만 운용하는 삶을 고려하기도 했는데, 더 빠르게 목표를 달성하고자 별도의 회사 설립을 결단합니다.

1956년, 일곱 명의 파트너로 이루어진 '버핏 어소시에이츠(Buffett Associates)'를 설립한 버핏은 이익이 4%를 넘으면 그것의 50%를 취하고, 4%에 못 미치면 부족한 분의 25%를 부담하는(상한은 없음) 계약을 파트너와 체결합니다.

그 후 버핏은 10여 년 동안 총 다섯 개의 회사를 운영하게 됩니다. 이때 버핏의 운용 성적은 '+1,156%'로 가히 경이롭다고 할 만했습니다.

– 로저 로웬스타인, 《버핏: 미국 자본가의 탄생》, 랜덤하우스(1995)[*]

1966년, 버핏이 운영하는 회사의 총자산은 4,400만 달러에 달했습니다. 다만 이 시기의 버핏은 오마하라는 시골구석에서 활동하는 일개 투자자였던지라 금융업계의 이목을 끌지 못했습니다.

어디 그뿐일까요. 버핏은 버핏 어소시에이츠의 해산까지 생각하기 시작했습니다. 그때는 섬유회사였던 버크셔 해서웨이의 경영에 전념하고 싶기도 하고, 그동안 거둔 훌륭한 성과를 망가뜨리는 일 없이 "영웅으로서 그만두고 싶다"고 선언했습니다.

---

[*] 한국어로 번역 출간된 도서의 정보는 다음과 같다. 로저 로웬스타인, 《버핏: 21세기 위대한 투자신화의 탄생》, 김기준&김병숙 역, 최준철 감수, 리더스북(2009).

그런 버핏에게 주목한 것이 《포브스》입니다. 1969년, 《포브스》는 버핏의 특집을 실었습니다. 〈오마하는 어떻게 월가에 완승했나〉, 〈1957년 버핏의 회사에 투자한 1만 달러는 지금 26만 달러가 되었다〉, 〈한 해도 손해를 본 적이 없다 … 버핏은 기본적인 투자 원칙을 고수하여 이를 달성했다〉*라는 자극적인 표제와 기사가 주목을 받았죠. 그때부터 사람들이 보는 기사에 버핏이 종종 등장하게 되었습니다.

버핏이 투자자로서뿐만 아니라 비즈니스계의 유력자로도 인정받기 시작한 것은 1973년 워싱턴 포스트의 대주주가 되었을 때부터입니다. 버핏은 어려서 신문 배달로 돈을 벌었을 만큼 원체 신문을 좋아하여 버팔로 이브닝 뉴스 신문사를 매수하기도 했습니다. 그래도 《워싱턴 포스트》가 지닌 지명도와 신뢰도, 미디어로서의 품격은 압도적이었습니다.

6년 후인 1979년, 버핏은 '포브스 400(《포브스》가 선정하는 미국의 400대 부자 순위)'에 등장합니다(자산 6억 2,000만 달러). 1986년에는 자산 14억 달러로 상위 10위권에 처음으로 진입하고요.

버핏은 '유명한 부자' 대열에 들어섰고, 여기까지라면 유명한 부자라는 평가에 그쳤을 것입니다. 하지만 1991년 국채 부정입찰로 위기에 빠진 살로몬 브라더스의 임시 회장직에 '연봉 1달러'로 취임하여 탁월한 기량을 발휘했다는 점에서 정부와 금융계의 신뢰를 얻고, 사람들의 존경을 받게 되었습니다.

———

* 《스노볼》

워런 버핏의 8가지 투자 철학

《스노볼》을 보면 당시 버핏이 자신의 명성에 대해 어떻게 말했는지 알 수 있습니다.

"내가 다른 사람에게 돈과 관련한 조언을 제일 잘했던 건 스물한 살 때였다. 그땐 아무도 내 이야기를 듣지 않았다. 자리에서 일어나 퍽 영리한 소리를 해도 별로 주의를 기울이지 않았다. 지금은 세상에서 가장 어리석은 말을 해도 그것에 어떤 중대한 의미가 숨겨져 있을 거라고 모두가 생각한다."

이후 버핏은 과거 버블기에 그랬듯이 IT 버블기에도 한결같은 투자 자세를 견지하여 일시적으로는 '시대에 뒤처졌다'라는 야유를 받았으나, 최종적으로는 모두가 '버핏의 옳음'에 탄복했습니다. 국제 금융 위기(리먼 쇼크)의 방아쇠가 된 서브프라임 모지기론 사태(미국의 대형 대부업체가 파산하면서 시작된 경제 위기) 때도 냉철함을 유지하는 버핏의 투자 자세는 높이 평가되었습니다.

빌&멜린다 게이츠 재단에 거액의 기부를 표명했을 때는 버핏을 따라 자선사업 참가를 결정한 유명인도 적지 않았습니다. 《포브스》에 따르면 버핏은 5년 연속으로 미국 내에서 최고액 기부를 했다고 합니다. 이와 같은 행동과 말이 있었기에 버핏은 '오마하의 현인'이 된 것입니다.

그런 버핏도 2021년 현재, 91세입니다. 2021년에는 버핏에게 두 가지 큰 사건이 있었습니다. 하나는 개인 자산이 1,000억 달러를 초과하여 세계에 10명(제프 베이조스, 일론 머스크, 빌 게이츠, 베르나르 아르노, 마크 저커버그, 래리 페이지, 세르게이 브린 등)뿐인 대부호의 반열에 든 일입니다. 물론 버핏이 최연장자입니다.

다른 하나는 버핏이 자신의 후계자로 버크셔 해서웨이의 부회장인 그렉 아벨을 선택한 일입니다. 전부터 버핏의 후계자는 누구일지가 화제였는데, 버핏은 "만일의 사태가 벌어졌을 때는 그렉이 이어받는다"라고 밝혔습니다.

버핏은 일찍이 세계 제일의 부자가 되었을 때, "다음은 세계 제일의 장수자가 되어 볼까"라고 이야기한 바 있습니다. 여전히 현역으로 활약하는 버핏을 보노라면 그것도 결코 꿈은 아니지 싶습니다.

자신이 가장 좋아하는 일을 하면서 '세계 제일의 투자자'라 불리고, '세계 제일의 부자'가 되고, 그러면서 '오마하의 현인'이라는 존경 어린 호칭을 듣는 버핏의 인생만큼 행복한 인생은 이 넓은 세계에서도 드물 것입니다.

어떻게 하면 버핏처럼 풍요로운 인생을 살아갈 수 있을까요? 그것을 가능하게 한 버핏의 인생 철학을 살펴보도록 하겠습니다.

Buffett's Memo

- 버핏은 GAFA의 창업자들에게 어마어마한 영향을 끼치고 있다.

- 동일본 대지진 이후에도 코로나 시국에도 일본 기업을 높이 평가했다.

- 월가는 눈앞의 주가에 일희일비하지만, 버핏은 회사 그 자체의 가치를 판별하고 높이는 것을 목표로 삼는다.

- 냉철함을 유지하는 투자 자세, 미국내 최고액 기부 등은 버핏을 행복한 세계 제일의 부자가 되도록 했다.

철학1

버핏의 관점

단기가 아닌
'압도적 장기'로
상황을 본다

눈앞의 이익에
휘둘리지 마라

어린 시절에 겪은 뼈아픈 경험에서 버핏은 "눈
앞의 작은 이익에 휘둘리는 것이 가장 어리석
다"라는 점을 배웠다.

버핏은 주식의 보유 기간이 '영원해도 좋다'라고 생각합니다. 버핏의 스승인 벤저민 그레이엄은 "투자자라면 1년 정도는 아무 생각 말고 가지고 있으라"며 주식의 장기 보유를 추천했습니다. 또 다른 스승이라 할 만한 필립 피셔는 주식을 파는 이유는 세 가지(①매수 시 판단 실수, ②기업이 실패를 겪고 투자 가치를 상실, ③더 유망한 성장주로 환승)밖에 없고, 진짜배기 성장 기업에는 "매도할 시기 따위는 존재하지 않는다"라고 잘라 말했습니다. 그리고 버핏은 두 스승 이상으로 장기 보유를 해야 한다고 강조합니다.

그것은 두 가지 경험을 통해서 배운 것입니다.

하나는 11세 때 처음으로 주식을 매수했을 때의 경험입니다. 1942년, 작은 사업을 운영해서 120달러를 모은 버핏은 누나 도리스와 함께 시티즈 서비스(미국의 석유 관련 기업. 현 싯고[Citgo])의 우선주(優先株)를 3주씩 샀습니다. 주가는 38달러 25센트, 3주에 114달러 75센트였습니다.

당시 버핏은 주식도 회사도 잘 몰랐습니다. 그저 아버지 하워드가 추천하는 주식이라는 이유로 매수를 결정했는데, 주가가 내려가기 시작했어요. 그러자 도리스는 연일 버핏을 닦달했고, 닦달받던 버핏은 결국 주가가 40달러로 회복됐을 때 주식을 매도했습니다. 그 결과 5달러씩의 이익을 손에 넣었으나 이후 시티즈 서비스의 주식은 202달러까지 치솟습니다. 버핏은 이 경험에서 두 가지 교훈을 얻습니다.

①매수했을 때의 주가에만 집착해서는 안 된다. ②심사숙고하지 않고 허둥지둥 작은 이익을 얻으려 하면 안 된다.

또 다른 하나는 대학 졸업 후 아버지의 증권회사에서 주식 중개인으로 일할 때 겪은 일입니다. 그때 버핏은 가이코 보험회사 같은 곳의 주식은 오래 보유하는 편이 낫다는 사실을 알고 있었습니다. 하지만 그래서는 고객이 매매를 반복해야 얻을 수 있는 수수료가 들어올 리 없습니다. 증권회사와 고객의 이익 상반이라는 딜레마로 고민하던 버핏은 훗날 '버핏과 고객이 운명공동체가 되는 회사'를 운영하기에 이르고, 이때의 경험을 통해 '쭉 보유하는 편이 낫다'라는 확신을 다집니다.

'주식 투자는 단기가 아니라 장기로 본다'. 이것이 버핏의 한결같은 관점입니다.

워런 버핏의 8가지 투자 철학

제1화

눈앞의 상황에
일희일비할 필요가 없다

주식매매를 하는 사람에게 그날그날의 주가 동향만큼 신경 쓰이는 것은 없습니다. 하루가 아니라 1시간, 1분, 1초 단위로 주가를 확인하여 '언제 팔고, 언제 살지'를 순식간에 판단하는 것이야말로 주식 투자에서 성공하는 유일한 방법이라고 믿는 사람도 있습니다. 실제로 그렇게 해서 큰돈을 손에 넣는 사람도 존재합니다.

그 정도까지는 아니라고 해도 자신이 보유한 주식의 주가가 어떤지는 신경 쓰지 않을 수 없는 부분입니다. 주식을 팔든 안 팔든 주가가 올라가면 기쁘고, 내려가면 자기 돈이 줄어든 양 안달복달합니다. 언제 팔면 얼마를 벌고, 손실은 얼마인지 계산하느라 여념이 없습니다. 이것이 일반적인 모습입니다.

그러나 버핏의 방식은 매일 주가를 신경 쓰는 방식과는 정반대입니다. 날마다 변하는 주가의 움직임에 관심을 쏟지 않을뿐더러 이런 말도 했습니다.

"주가 변동에 주목하여 차익을 얻을 마음은 없습니다. 만약 주식을 매수한 다음 날 시장이 폐쇄되어 향후 5년간 거래소가 열리지 않는 사태가 벌어져도 나는 전혀 상관없습니다."*

버핏은 매일 오르내리는 주가를 신경 쓰지 않고, 심지어 주식을 매매할 수 없게 되어도 상관없다고 생각합니다. 어떻게 그럴 수 있을까요? 단기가 아니라 장기로 보고, 주식이 아니라 사업에 투자한다는 방침을 관철하기 때문입니다.

2011년 여름, 버핏은 미국의 대형 은행인 뱅크 오브 아메리카의 우선주에 50억 달러를 투자했습니다. 그런데 투자 이후에도 계속 주가가 내려가자 《닛케이 베리타스》의 기자가 버핏에게 물었습니다.

"(주가가 계속 내려가는 회사에 투자한 것을)후회하지 않습니까?"

버핏은 이렇게 대답했습니다.

---

* 《워런 버핏의 말: 세계 최고 투자자의 재치와 지혜》

"장기적인 시점에서 투자했습니다. 오늘이나 내일, 다음 달에 주가가 오르든 내리든 아무래도 좋습니다. 나에게는 뱅크 오브 아메리카가 5년 뒤, 10년 뒤에 어떻게 될지가 중요합니다."

버핏에 따르면 뱅크 오브 아메리카에는 해결해야만 하는 문제가 몇 가지 있고, 그것은 몇 개월이면 뚝딱 해결되는 문제가 아니라고 합니다. 해결에 5~10년이 걸리는 문제여서 CEO가 굉장한 일을 하고 있다고요. 하물며 문제가 있을지라도 뱅크 오브 아메리카가 가진 미국 최대 규모의 예금량과 사업 기반은 매력적이고 아주 양호하므로, 눈앞의 상황에 일희일비할 필요가 없다고 말했습니다.

버핏의 말대로 버크셔 해서웨이가 공개한 '상장주 보유 상위 15개 종목(2020년 12월 말 시점)'의 제2위는 뱅크 오브 아메리카이며, 현재 보유액은 313억 달러에 달합니다.

버핏에게 투자할 가치가 있는 기업이란 성장하는 기업입니다. 그리고 이 성장은 순간의 성장이 아닌 가능한 한 오래 지속되는 성장이어야 합니다.

기업은 설령 매상이 떨어지거나 제자리걸음 하는 상황이어도 한 번은 좋은 결산을 낼 수 있습니다. 대담한 구조 조정을 실행한다든가 보유 자산을 매각하는 방법을 사용하면 주가를 일시적으로 끌어올릴 정도의 이익은 낼 수 있습니다.

아니면 붐(boom) 같은 '순풍'에 올라타 높은 매상과 이익을 내는 기업도 있습니다. 대성공한 게임이 나오면 매상이 크게 올랐다가 붐이 사라지기 무섭게 뚝 떨어지는 게임업계처럼요. 제조회사라면 대량의 재고를 끌어안고 경영 위기에 빠지는 경우도 적지 않습니다.

기업이 성장을 지속하려면 행운만으로는 역부족입니다. 뛰어난 경영력과 탁월한 연구 개발력 등 여러 요소가 없어서는 안 됩니다. 그것들이 뒷받침되어야 비로소 기업은 성장을 지속할 수 있습니다. 다만 그 모든 요소를 갖춘 기업조차 해마다 수익이 증가한다는 보장은 없습니다. 때로는 다음 성장을 위한 뼈아픈 개혁이 요구되고, 이번 신종 코로나바이러스 사태처럼 기업의 힘만으로는 대응할 수 없는 역경에 처하기도 합니다.

그렇기에 더더욱 기업의 성장은 1년 단위가 아니라 더 장기적인 안목으로 봐야 합니다. 버핏에게 투자해야 할 기업이란 아침에 피었다가 저녁에 지는 기업이 아닙니다. 장기적인 관점에서 봤을 때 확실히 성장해 나갈 힘을 가진 기업입니다. 그런 기업이라면 성장하는 사이에 주가가 오르든 내리든 상관없다고 버핏은 생각합니다.

제2화

자기 마음에 쏙 든 기업이라면 몇십 년이고 보유한다

버크셔 해서웨이 산하에는 수많은 기업이 있습니다. 그중 버핏이 최초로 투자한 곳은 미국 제2위의 자동차 보험회사인 가이코(1936년 창립, 1996년 산하에 편입)입니다. 버핏은 컬럼비아 대학 대학원 시절에 가이코를 처음 알았습니다. 그레이엄의 회사인 그레이엄-뉴먼은 가이코의 주식 대부분을 보유하고 있었습니다. 그레이엄-뉴먼에서 대부분의 주식을 보유하고 또 절반 이상을 내놓은 회사, 가이코가 어떤 회사인지 궁금해진 버핏은 뉴욕에서 워싱턴 D.C.까지 첫차를 타고 달려가 가이코를 방문합니다.

가이코에 도착해 재무 담당 부사장인 로리머 데이비슨에게 질문 공세를 편 버핏은 가이코가 '대리점을 통하지 않고, 통신 판매로 자동차 보험을 더 싸게 판매'한다는 사실을 알게 됩니다. 당시에는 가히 혁명적이라고 할 만한 사업이었죠. 이 사업이 틀림없이 성공한다고 확신한 버핏은 주위의 반대를 무릅쓰고 포트폴리오의 4분의 3을 처분하여 그 대금으로 가이코 주식 350주를 매수합니다.

당시 버핏이 가이코에 쏟아부은 열정은 어마어마했습니다. 증권회사 중개인으로서 고객에게 주식매매를 권유해 수수료를 벌어야만 하는데도 가이코의 주식을 추천하며 "20년은 가지고 있는 게 가장 좋습니다"라는 등 "실업 보험 대신에 이 주식을 추천합니다"라고 했을 정도니까요.

그 후 버핏과 가이코의 인연은 일시적으로 끊어지지만 1975년, 다시 가이코에 주목합니다. 경영 위기에 빠진 가이코의 주식을 재차 취득하고, 재건에도 최선을 다하여 결국은 버크셔 해서웨이 산하로 맞아들입니다. 가이코 주식에 처음 투자한 때가 1951년이니 지금까지 70년 이상 인연을 맺은 셈입니다.

자기 마음에 쏙 든 기업이라면 이토록 오래 보유하는 것이 버핏의 방식입니다. 월가의 사람들에게는 좀처럼 받아들여지지 않는 방식이지만요.

앞서 서술했다시피 버핏은 그레이엄이 말하는 '1년 보유'를 넘어 '영구 보유'마저 개의치 않기에 이렇게 말하기도 했습니다.

"우리는 기업을 사는 게 좋습니다. 파는 건 좋아하지 않아요. 산하로 거두어들인 기업과의 관계가 평생 이어지기를 희망합니다."*

단, 대전제가 있습니다. 산하로 들인 기업부터 애플처럼 산하에 없는

---

* 《워런 버핏의 말: 세계 최고 투자자의 재치와 지혜》

기업까지, 버핏이 투자하는 기업은 강한 경쟁력과 걸출한 경영자를 겸비한 곳이라는 점입니다.

물론 그렇게 뛰어난 기업이 그저 그런 가격에 팔리는 일은 거의 없습니다. 그러니 뛰어난 기업을 만났다면 되도록 오래, 가능하다면 영원히 보유하고 싶다고 버핏은 생각합니다.

최근 미국에서 급증하여 주목받고 있는 SPAC(Special Purpose Acquisition Company, 기업 인수 목적 회사)의 방식(소유나 경영이 아닌 매수 그 자체를 목적으로 하여 2년 안에 매수처가 발견되지 않으면 즉시 해산하는 방식)은 버핏이 극도로 싫어하는 부류입니다. 보수만을 목적으로 하는 SPAC 붐을 버핏은 '킬러(killer, 파괴적인 영향을 초래하는 것)'라고 표현하기도 했습니다.

버핏에 따르면 진정한 투자자이기 위해서는 다음과 같은 마음가짐이 필요합니다.

"주식을 10년간 기꺼이 보유하겠다는 마음이 없다면 단 10분도 가질 생각을 하지 마십시오."
－로렌스 A. 커닝햄, 《워런 버핏의 편지》, 존윌리&손스(2013) *

오래 보유할 작정으로 투자해도 매일 변동하는 주가, 시장 전체의 동

---

* 　한국어로 번역 출간된 도서의 정보는 다음과 같다. 워런 버핏, 로렌스 커닝햄 엮음, 《워런 버핏의 주주 서한》, 이건 역, 신진오 감수, 서울문화사(2015).

향, 수익이 더 나아 보이는 주식의 출현 등 투자자의 마음을 뒤흔드는 사건은 적지 않습니다. 주가가 크게 내려가면 앞날이 불안해서 자기도 모르게 팔고 싶은 마음이 샘솟고, 미보유 주식의 가격이 올라가면 '저걸로 갈아타는 편이 낫지 않을까'라는 '끝내주는 생각'이 번뜩 떠오릅니다.

투자의 세계에서는 주가 변동뿐만 아니라 매력적인 신규 주식의 출현도 강적입니다. 팔고 싶다, 갈아타고 싶다는 유혹에 사로잡히는 경우 또한 적지 않습니다. 유혹에 사로잡혀 이리 흔들, 저리 흔들 휘청이면 버핏이 될 수 없습니다.

진정한 투자자가 되려면 주식을 장기간 보유하는 강인함과 유혹을 이겨내는 노력도 필요합니다. 버핏처럼 단단한 신념의 소유자야말로 참된 성공을 누릴 수 있습니다. 이는 비단 투자에 국한된 이야기가 아닙니다. 걸핏하면 흔들리는 신념은 신념이라고 부를 수 없습니다.

제3화

주가보다 성장성과 브랜드력을 보고, 영속적인 수익을 낳을 사업을 사라

벤저민 그레이엄은 《현명한 투자자》에서 밝혔듯이 이렇게 말했습니다. 당신이 기업에 투자하면 또 한 명의 공동 출자자인 "미스터 마켓이 따라온다"고. 미스터 마켓의 역할은 이렇습니다. 그는 당신 지분의 현재 가치에 관한 자기 생각을 매일 알려줍니다. 때로는 그 가격으로 당신의 지분을 사들여도 좋고, 같은 단위로 나눠도 좋다고 제안합니다. 그의 평가는 종종 그럴듯하게 들리지만 이따금 그는 이성을 잃고 비상식적인 제안을 건넵니다. 미스터 마켓은 그레이엄이 창조한 가공의 인물입니다. 이 인물은 주식을 매매하고, 적절한 가격을 붙이거나 불합리한 가격을 매깁니다. 이런 변덕에 어울려 덩달아 일희일비하면서 주식을 매매해서는 안 된다는 것이 그레이엄의 생각입니다.

버핏도 마찬가지입니다. 지금은 그레이엄이 살던 시대 이상으로 정보가 흘러넘칩니다. 투자자는 초 단위, 분 단위로 움직이는 주가에 일희일비하고요. 한편 버핏은 몇백, 몇천이라는 주가를 직접 본다고 해도 관심을 표시하지 않습니다.

따라서 버핏에게는 블룸버그 단말기도 불필요했습니다. 그것이 15년간 근무한 살로몬 브라더스에서 39세에 해고되어 종합정보회사 블룸버그를 차린 마이클 블룸버그의 초대박 상품이라고 해도 말입니다.

마이클 블룸버그는 세 명의 부하와 함께 회사를 창업하고, 자신의 금융 및 컴퓨터 경험을 살린 서비스(증권 정보 수집, 수학 초보도 이해할 수 있는 정보 분석)를 제공했습니다. 당시 금융과 증권에 관련된 중소기업이며 개인은 거금을 들여 정보를 수집한 뒤 주판, 계산자, 계산기를 쓰는 실정이었습니다. 수준 높은 시스템을 사용하기 쉽게 제공하는 블룸버그의 서비스는 대박이 날 수밖에 없었죠.

증권 시장에서 성공하려면 정보가 생명이기에 다들 어떻게든 빠르고 정확한 정보를 손에 넣고자 합니다. 메릴린치를 시작으로 많은 기업이 블룸버그 단말기를 도입했고, 당연히 버크셔 해서웨이에도 요청이 들어왔습니다. 하지만 사원의 3년에 걸친 요청에도 버핏의 대답은 시종일관 "필요 없다"였습니다. 시장을 분 단위로 확인하고, 컴퓨터를 조작해서 매매하는 방식은 버핏식 투자법이 아니었기 때문입니다.

버핏은 매일 오르내리는 주가가 아니라 그것이 투자할 가치가 있는 사업인가 아닌가를 보았습니다. 버핏이 14세 때 1,200달러로 사들인 오마하의 농장 40에이커를 예로 들어 이야기했듯이요.

"오마하의 농장을 산답시고 날마다 가격만 보는 사람은 없습니다. 가격 대비 생산량이 어느 정도인지를 가늠해 보지요. 주식 투자도 이와 같습니다."[*]

농지를 산 다음 곧장 되팔아서 차익을 챙길 요량이라면야 확실히 그날그날의 가격이 최대 관심사일지도 모르겠습니다. 그러나 농장을 팔지 않고, 농장에서 많은 수확을 얻고 싶다면 얼마만큼의 생산량이 기대되는가를 보아야 합니다.

만약 그것을 고려하지 않고 투자에 임한다면 무슨 일이 일어날까요?

아버지의 증권회사에서 중개인으로 근무하던 시절, 버핏은 중개 일에 싫증이 나서 다른 일로 이익을 얻고자 친구와 함께 주유소를 샀습니다. 이웃에는 라이벌인 텍사코의 주유소가 있었습니다. 버핏은 육체노동에 서툴렀지만 웃는 얼굴로 앞 유리창을 닦고, 새로운 고객을 영입하려 열심히 일했습니다. 그래도 긴 세월 장사하면서 수두룩한 단골을 가진 텍사코에는 이길 재간이 없어서 매상도, 고객 수도 번번이 뒤처졌어요. 주유소를 매입하기 전에 가격만 보고 생산량을 보지 않았던 버핏은 최종적으로 2,000달러를 손해봤습니다. 버핏은 이 경험을 통해 장기간에 걸쳐 구축되는 "고객 로열티의 힘을 알았다"[**]고 회고한 바 있습니다.

---

[*]   제프 매튜스, 《워런 버핏의 주주총회》, 맥그로힐(2008).

[**]   《스노볼》

버핏에게 기업은 농장이나 주유소와 다르지 않습니다. 얼마나 수익을 낼 수 있느냐가 관심사이지요. 버핏은 주식 단기매매로 이익을 얻을 마음이 눈곱만큼도 없습니다. 봐야 할 것은 주가가 아니라 성장성과 브랜드력이고, 사야 할 것은 주식이 아니라 영속적으로 수익을 낳을 사업입니다.

제4화

10년 뒤에 살아남을
가능성이 높은 사업은
앱보다 아이스크림이다

주식 투자를 할 때, 사람들은 대부분 주가의 움직임을 보면서 '지금 사야 할지, 팔아야 할지'를 판단하려 합니다. 그렇지만 버핏은 주가가 아니라 봐야 할 것은 따로 있다고 지적합니다.

"상품 자체가 장기간 유지될 수 있는지 고려해야 합니다. 그 종목을 사야 할지, 팔아야 할지에 연연하기보다 그러는 편이 훨씬 큰 열매를 맺지 않을까요?"*

예를 들면 버핏이 좋아하는 코카콜라에는 무수한 이야기가 있습니다. 코카콜라를 오늘날과 같은 세계적인 음료, 미국의 국민 음료로 키워

---

* 《워런 버핏의 말: 세계 최고 투자자의 재치와 지혜》

낸 장본인은 로버트 우드러프입니다. 우드러프의 부친은 1919년에 아사 캔들러 일가에게서 코카콜라 회사를 매수해 아들인 우드러프를 사장으로 임명합니다. 그때 코카콜라는 빚투성이로 심각한 경영난에 시달리는 상태였습니다. 우드러프는 자동차 보급의 물결에 올라타고자 간선 도로변의 옥외 광고 간판을 닥치는 대로 사들였고, 코카콜라 상표가 찍힌 달력과 냅킨을 미국 전역에 뿌렸습니다. 전부 코카콜라를 국민 음료로 만들기 위해서였습니다.

코카콜라의 이미지가 확고해진 것은 우드러프가 비용을 무시하고, 병사들이 어디에서나 5센트로 코카콜라를 살 수 있도록 전쟁터 이곳저곳에 공장을 세운 후부터였습니다. 때는 바야흐로 제2차 세계대전 중이었으니 이윽고 다양한 전설이 생겨났습니다.

훈련 중에 충돌해서 죽을 뻔했다가 목숨을 건진 조종사가 의식을 회복한 뒤 처음으로 "마시고 싶다"라고 말한 음료는 코카콜라였고, 노르망디 육상을 지휘한 드와이트 아이젠하워는 무엇을 원하느냐는 질문에 항상 "코카콜라를 가져다주게"라고 대답했다고 합니다.

버핏에 따르면, 코카콜라가 주식을 공개한 1919년에 최초 가격인 40달러로 주식을 산 사람이 약 60년간 주가 변동을 무시하고 배당금까지 재투자했을 경우 1982년에는 180만 달러의 가치를 갖게 되었을 것이라고 합니다. 코카콜라는 전쟁이나 경제 공황에 패배하는 일 없이 자신의 가치를 높였습니다.

워런 버핏의 8가지 투자 철학

지금도 버크셔 해서웨이의 상장주 보유 상위 15개 종목(2020년 12월 말 현재)의 제3위에는 코카콜라(보유액 219억 달러)가 군림하고 있습니다. 버핏이 1963년의 주가 급락 와중에 오마하의 레스토랑과 가게를 조사하여 확실한 브랜드력을 확인한 아메리칸 익스프레스는 제4위(보유액 183억 달러)의 입지를 굳건하게 지키고 있고요.

　코카콜라만큼의 이야기가 없을지라도 버핏은 기업이 가진 브랜드력과 모두에게 사랑받는 제품을 만드는 힘을 높이 평가합니다.

　예전에 "왜 성장이 현저한 IT 관련 기업에 투자하지 않는가?"라는 질문을 받은 버핏은 자신있게 대답했습니다. IT 관련 기업이 아닌 데어리 퀸을 매수한 직후였습니다.

　"데어리 퀸의 아이스크림이 10년 뒤에도 살아남을 가능성은 어떤 애플리케이션이 살아남을 가능성보다 클 것입니다."[*]

　버핏의 투자 기준은 모두의 생활에 꼭 필요한 물건이나 돈을 내서라도 어떻게든 갖고 싶은 물품을 만드는 기업, 어느 분야건 강력한 브랜드력을 가진 기업입니다.

　"신뢰할 수 있는 물건, 10년 20년 50년이 지나도 모두가 가지고 싶어

---

[*]　《워런 버핏의 주주총회》

하는 물품을 만드는가 아닌가. 이것이 내가 투자 여부를 판단하는 기준입니다."*

버핏의 관점에서 보면 눈앞의 숫자는 중요한 요소가 아닙니다. 기업이 가진 상품이 얼마큼의 가치를 지녔는지, 그 가치가 10년 20년 유지될 수 있는지가 중요합니다. 투자에서 봐야 할 요소는 어제오늘의 주가 변동이 아니라 기업과 제품의 장기적인 가치입니다. 단기적으로 보면 화려한 활약을 펼치거나 굉장한 수익을 자랑하는 기업은 여럿 있습니다. 다만 그런 기업이 3년 뒤, 5년 뒤, 10년 뒤에도 빛나고 있을 가능성은 그리 크지 않습니다.

"위대한 기업이란 앞으로 25년에서 30년은 쭉 위대할 기업입니다. 나는 그렇게 정의합니다"**라는 버핏의 말은 주식 투자에서 무엇을 봐야 하는가를 극단적으로 드러냅니다.

---

* 《닛케이 베리타스》, 194호

** 《워런 버핏의 말: 세계 최고 투자자의 재치와 지혜》

제5화

최종 승자는 도박꾼이 아니라 작은 이익을 축적한 사람이다

버핏은 "도박을 향한 충동은 거는 돈이 적고, 상금이 클 때 증폭됩니다"라고 했습니다. 버핏에 따르면 당첨될 확률이나 승산이 아무리 작아도 손에 들어오는 상금이 크면 사람은 모여든다고 합니다.

《워런 버핏의 주주총회》를 집필한, 그러니까 버핏의 투자 원칙을 잘 알고 있는 제프 매튜스조차 "당첨금이 계속 갱신되어 1억 달러에 도달한다면 나는 파워볼을 사겠다"라고 책에 썼을 정도이니, 한 방에 큰돈을 손에 쥘 기회는 사람을 확률 따위와 관계없이 도박으로 끌어들이는 듯합니다. 고작 1달러로 어쩌면 1억이 굴러들어올지도 모르는 기회는 도박에서밖에 얻을 수 없으니 말입니다.

버핏은 이러한 사람들의 심리를 꿰뚫고 있습니다.

"다음 주에 추첨하는 복권과 조금씩 부자가 될 기회가 있다면 사람은 아마 전자에서 가능성을 느끼겠지요."*

뭇사람은 '1달러로 1억을 버는 기회'에 혹하겠지만 버핏은 그런 일에 혹하는 일은 없습니다. 확률이 지극히 낮은 기회니까요. 아마 버핏이라면 복권을 팔아 이익을 조금씩 축적하고, 투자로 불리는 쪽을 고를 것입니다.

실제로 버핏은 16세 때, 도박의 대표 명사라 할 수 있는 경마장에서 《스테이블 보이 셀렉션스》라는 예상지를 판매한 적이 있습니다. 정보와 숫자 수집이 특기인 버핏은 친구와 함께 타자기로 '우승마 예상지'를 만들어서 다른 예상지보다 싼 가격에 판매했습니다. 하지만 경마장에 허가 수수료를 내지 않아 버핏의 예상지는 금세 판매를 금지당하고 맙니다. 어쨌거나 경마장 손님을 상대로 장사하는 행위는 그야말로 '복권을 사지 않고 파는' 발상에 근접합니다.

실은 버핏도 딱 한 번 마권을 사서 승부를 건 경험이 있습니다.

"①한 경기만 하고 돌아가는 사람은 없다. ②손해 보는 경기에 걸지 않아도 된다"는 버핏이 발견한 '경마장의 원칙'입니다.

경마장은 손님이 손해를 볼 때까지, 글자 그대로 빈털터리가 될 때까지 돈을 걸기를 바랍니다. 손님이 경마에 열중하면 열중할수록 경마장에 돈이 들어오기 때문입니다.

---

* 《워런 버핏의 말: 세계 최고 투자자의 재치와 지혜》

워런 버핏의 8가지 투자 철학

버핏은 이 원칙을 숙지하고 있었으나 어느 날, 한 경기에 실패하고도 집으로 돌아가지 않았습니다. 심지어 연거푸 돈을 걸어서 여러 번 패배한 끝에 175달러나 손해를 봤습니다. 신문 배달을 일주일은 해야 벌 수 있는 돈이 사라졌고, 그길로 패밀리 레스토랑에 가서 제일 비싼 아이스크림을 시켰더니 정말 빈털터리가 되어 버렸습니다. 그때의 경험을 버핏은 이렇게 회상합니다.

"가슴이 찢어졌다. 그런 짓을 한 건 그때가 마지막이다."*

도박으로 손해를 본 사람은 어째서인지 똑같은 도박으로 만회하려는 경향이 있는데, 현실적으로 그렇게 해서 이익이 나는 경우는 좀처럼 없습니다. 버핏에게 '경마장의 원칙'은 평생 지켜야 할 원칙 중 하나입니다.

여기에 대해서는 미국 전 대통령인 도널드 트럼프도 생각이 같습니다. 그는 말했습니다.

"나는 도박을 한 적이 한 번도 없다. 나에게 도박꾼이란 슬롯머신을 하는 사람에 지나지 않는다. 나는 슬롯머신을 소유하는 쪽을 즐긴다."

버핏의 관점으로 보면 월가에서 행해지는 일은 도박에 가깝습니다. 대량의 자금을 차입하고, 사소한 주가 변동에 편승하여 차익을 얻으려 하는

---

* 《스노볼》

행위는 어리석은 카지노 게임이나 다름없습니다. 그것은 장기적인 시점에서 유망한 기업을 찾아 자금을 투자하는 버핏식 투자와는 상반됩니다.

사람은 복권이든 도박이든 주식매매든 가능하다면 한순간에 큰돈을 벌고 싶어 하는 구석이 있습니다. 그러나 최종적으로 큰돈을 손에 넣는 사람은 버핏처럼 조금씩 부자가 되는 노력을 쌓아 올린 사람들입니다.

버핏은 11세에 주식 투자를 시작하여 49세의 나이로 '포브스 400'에 등장했고, 56세 때 상위 10위권에 든 이래 지금껏 그 자리를 지키고 있습니다.

워런 버핏의 8가지 투자 철학

Buffett's Memo

- 투자할 가치가 있는 기업이란 계속 성장하는 기업이다.

- 장기적인 시점으로 보면 1년도 짧은 단위다.

- 딱 한 번, 경마에 열중했다가 실패해서 분하게 여기고 다시는 하지 않기로 다짐한다.

- 코카콜라와의 인연은 34년, 아메리칸 익스프레스와의 인연은 58년(2021년 시점)이다.

철학2

버핏의 사고방식

주위 의견에
혹하지 않고
'스스로 생각'한다

생각을
그만두지 마라

항상 자신의 머리로 생각하고, 자신의 판단 기
준을 가지기란 현명한 사람에게도 쉽지 않지만
그렇게 할 수 있는 사람은 성공한다.

버핏이 말하는 승부마다 승리하는 비결은 두 가지입니다.

첫째, 아무것도 생각하지 않는 경기 참가자가 많은 집단에 들어간다.

둘째, 자신의 머리로 생각한다.

앞에서 이야기했듯이 버핏은 16세 때 경마장에서 예상지를 판매했습니다. 그때 버핏은 깨달았습니다. 경마장에는 아무것도 생각하지 않는 경기 참가자가 우글우글하다는 사실을요.

경마장에 온 많은 사람이 제대로 된 분석이나 별다른 생각 없이 돈을 걸었습니다. 기수의 옷 색깔을 근거로 돈을 거는 사람이라든가 생일 숫자며 이름을 보고 택하는 사람도 있을 정도였습니다.

"아무 생각도 안 하는 집단에 들어가면 승부에서 이길 수 있다"라니, 실제로 주식에 투자하는 사람들에게 말하면 "우리는 열심히 생각하고 있다"라는 반론이 나올 소리입니다. 그렇지만 그 생각이 정녕 '자신의 머리로 한 생각인가' 하면 어째 수상쩍어지는 것이 주식 투자의 세계입니다.

벤저민 그레이엄은 《현명한 투자자》에서 이런 말을 했습니다.

"월가에서 주식을 매매하는 유능한 실업가의 상당수가 자기 사업을 성공으로 이끈 원리 원칙을 완전히 무시하고 투자에 도전하려 한다. 놀라움을 금할 길이 없다."

사업으로 성공하려면 해당 분야에 빠삭한 프로여야 하고, 누구보다 경영자 자신이 스스로 생각하여 열심히 노력할 필요가 있습니다. 그런데 그토록 노력해서 성공한 경영자가 어째서인지 주식 투자에서는 스스로 생각하기를 그만둔 채 타인에게 의지한다고 그레이엄은 지적합니다. 남의 조언만 듣고 알지도 못하는 주식에 덜컥 투자하는 식으로 말이죠.

《스노볼》을 보면 버핏은 더더욱 신랄하게 비판한다는 것을 알 수 있습니다.

"롤스로이스를 타는 사람이 지하철을 타는 사람에게 조언을 구하는 곳은 월가밖에 없습니다."

중개인이나 애널리스트에게 상담하지 않고 '매사를 자기 머리로 생각'해야 하며, 자신의 '판단이 옳다고 확신했다면 다른 사람이 머뭇대거나 달리 생각하더라도 자기 판단에 따라 행동할 것'. 이것이 버핏의 사고방식입니다.

워런 버핏의 8가지 투자 철학

제1화

'저 사람이 그렇게 했으니까'는 행동의 이유가 될 수 없다

투자에는 분명한 이유가, 그것도 자기 머리로 생각한 이유가 꼭 있어야 한다고 버핏은 말합니다. 하지만 현실에서는 많은 사람이 '값이 올라서'라든가 '전문가가 추천해서'라는 단순한 이유로 주식을 사고, 그 반대의 이유로 주식을 팝니다.

버핏이 '스스로 생각하기'의 중요성을 뼈저리게 느낀 것은 1950년, 컬럼비아 대학 대학원에 재학 중이던 시절이었습니다. 입학하기 얼마 전에 버핏은 아버지 하워드와 함께 미네소타주 덜루스에 있는 철물 판매업자 마샬 웰스의 주식을 25주 매수했습니다. 어느 날, 대학 수업을 빠지고 출석한 마샬 웰스 주주총회에서 버핏은 경영진에게 날카로운 질문을 하는 사람을 만납니다. 그는 증권회사 스트라이커&브라운의 루이스 그린이었습니다.

그린도 그레이엄 부류에 속하는 사람으로, 주식값이 싸고 이익이 확실한 회사를 찾아서 경영에 영향력을 미칠 만큼의 주식을 매수하려 하고 있었습니다. 그린에게 감명을 받은 버핏은 좋은 인상을 줄 심산으로 성심껏 말을 걸었습니다.

주주총회가 끝나고 돌아가는 길, 버핏을 점심 식사에 초대한 그린은 처음에는 대수롭지 않은 농담으로 버핏을 즐겁게 해 주었으나 얼마 안가 이렇게 물었습니다.

"어째서 마샬 웰스를 샀지?"

버핏은 "그레이엄이 샀으니까요"라고 대답했습니다.

실제로는 버핏 나름대로 마샬 웰스에 대해 상세히 분석했습니다. 채권처럼 확실해서 설령 배당이 없다손 치더라도 주가는 서서히 상승하리라 예상했지요. 그래도 버핏의 등을 떠다민 것은 '그레이엄이 샀다'라는 사실이었기에 그렇게 대답했습니다. 대답을 들은 그린은 버핏의 얼굴을 쳐다보며 "원 스트라이크"라고 말했습니다.

그것은 "워런, 자네 머리로 생각해야지"라는 의미였습니다. 그린의 말을 들은 버핏은 앞으로 두 번 다시는 똑같은 실수를 하지 않겠다고 결심했습니다. 버핏은 그때의 일을 떠올리며 다음과 같이 이야기했습니다.

"작은 카페테리아에서 그 매력적인 인물과 함께 있는 동안, 나는 나도 모르게 삼진아웃을 당했다."

그린의 '원 스트라이크'는 버핏에게 엄청난 충격이었습니다. 누군가의 뒤를 따라가고, 누군가를 따라하기는 쉽습니다. 하물며 그 누군가가 그레이엄 같은 권위자라면 어떨까요? 저 사람을 따라하면 다 잘될 것이라 생각될 것입니다. 그러나 버핏은 학생 시절에 2번 연주자로서 따라하기의 위험성을 경험한 적이 있습니다.

로즈힐 초등학교에 다니던 시절이었어요. 버핏은 코넷(트럼펫과 비슷하게 생긴 금관악기)을 배웠는데, 부지런히 연습한 보람이 있어서 미국의 휴전 기념일을 기념하는 행사에서 연주를 맡게 되었습니다.

그리고 당일 아침, 전교생 앞에서 연주를 선보이게 되어 더없이 기쁜 버핏에게 예상치 못한 일이 생깁니다. 1번 연주자가 음을 실수한 것입니다. 그 순간 버핏은 허를 찔린 양 얼어붙어서 어떻게 해야 할지 모르는 상황에 빠졌습니다.

1번 연주자가 잘못 연주한 음대로 연주해야 할까, 아니면 바른 음으로 불어서 1번 연주자에게 창피를 주고 말아야 할까. 최종적으로 어느 쪽을 골랐는지 버핏은 기억나지 않는다고 합니다. 다만 그 경험에서 얻은 교훈을 말했습니다.

"2번 연주자가 되어서 따라하는 인생을 살기는 간단하지만, 1번 연주자가 잘못된 음을 불면 그것은 엉망이 된다."*

---

* 《스노볼》

누군가의 뒤만 줄줄 따라가거나 누군가를 따라하는 것은 편하지만 그 누군가가 잘못하면 자신도 잘못하게 됩니다.

그런에게 '원 스트라이크'라는 말을 들은 버핏은 절대로 같은 실수를 반복하지 않도록 스스로 조사하고, 스스로 생각하는 데 철저해졌습니다. 그리하여 만난 곳이 보험회사 가이코입니다. 가이코 투자는 주위 모두가 그만두라고 말린 일이었으나 버핏은 난생처음으로 빚을 내면서까지 매수를 단행했습니다.

훗날 버핏은 학생과 투자자에게 이러한 조언을 하게 되었습니다.

"'왜 나는 현재 가격으로 이 회사를 매수하는가'라는 주제로 소논문 한 권을 쓰지 못하겠다면 100주도 사지 않는 편이 낫습니다."*

투자에는 확고한 이유가 필수입니다. "○○이 샀으니까"라든가 "○○이 추천했으니까"가 아닌, 직접 조사하고 스스로 생각한 굳은 이유가 말입니다. 그것이 없다면 주식에 손을 대서는 안 되고, 반대로 있다면 주위 의견을 신경 쓰지 않아도 됩니다. 이는 투자 이외의 분야에도 적용되는 성공의 규칙이기도 합니다.

---

* 《워런 버핏의 주주총회》

제2화

중요한 결단은 옆 사람이 아닌 거울을 보고 내려야 한다

그레이엄-뉴먼을 떠나 오마하로 돌아온 버핏이 혼자 회사를 차리겠다고 결심한 1956년 당시에는 진심으로 금융업에 뛰어들려는 미국인이 '뉴욕 외부'에서 일하는 것은 말도 안 되는 선택이었습니다. 한마디로 비상식인 일이었죠. 뉴욕 바깥의 지방 도시에도 증권회사는 있었으나 어디도 중요한 역할을 하지는 않았거든요. 적어도 금융계에서 성공하여 대부호가 되고자 하는 사람에게 '월가에서 멀어지는 선택'은 꿈을 버린다는 뜻으로까지 해석되었습니다.

하지만 버핏은 당시의 상식을 훌륭하게 뒤집었습니다. 1957년에 버핏의 회사에 투자한 1만 달러가 1969년에는 26만 달러가 될 정도로 눈부신 성적을 거뒀지요. 《포브스》에서 〈오마하는 어떻게 월가에 완승했나〉라는 기사를 실을 만했습니다.

어떻게 버핏은 혼자, 월가로부터 멀리 떨어진 오마하에서 이만한 성공을 거둘 수 있었을까요? 왜 월가는 버핏만큼 성과를 내지 못했을까요? 《버핏: 미국 자본가의 탄생》에서 버핏은 이렇게 지적합니다.

"내 편견이겠지만 월등한 투자 실적은 집단 내부에서 나오지 않는다."

문제는 월가의 투자 판단과 군중 심리에 있습니다. 이를테면 1973년에 워싱턴 포스트가 주가를 크게 내린 적이 있습니다. 버핏에 따르면 그때 워싱턴 포스트의 자산 가치는 4억 달러였으나 주가가 대폭 내려가자 시가총액은 8,000만 달러까지 하락했습니다. 하락은 매도를 불렀고요.

워싱턴 포스트의 주식을 판 사람들은 왜 주식을 팔았을까요? 대체로 "대중매체 주식이 내림세니까"라든가 "다들 파니까"라는 이유에서였습니다. 그 이상도 그 이하도 아니었습니다.

즉, "다들 그렇게까지 확실한 이유는 없다"라는 것이 버핏의 견해입니다.

이것은 월가에만 국한된 문제가 아닙니다. 버핏은 이를 "기업은 동업 타사가 하면 무의식적으로 따라 한다"*라고 지적했습니다.

기업은 전례 답습을 선호하고, 동업 타사에서 먼저 시작하면 '그럼 우리도!'라며 안심하는 경향이 있습니다. 신제품을 개발할 때 역시 마찬가지입니다. 어디에서도 만들지 않은 제품에는 위험성을 느끼지만, 동업 타사에서 출시한 제품이 잘 팔리면 '저것보다 조금 좋은 제품을 내면 팔리겠군!' 하며 쉽게 허가하곤 합니다.

---

* 《워런 버핏의 편지》

모 대기업 제조사에서는 신제품 기획서에 동업 타사의 판매 데이터를 첨부하는 것이 관례입니다. '이러다간 다른 회사 흉내만 내겠다'라는 불안을 느낀 신제품 담당자가 어디에서도 만들지 않은 제품의 기획서를 상사에게 제출하자 "너는 내 목을 자를 셈이냐"라는 반응이 돌아왔다더군요. 타사와 비슷한 제품은 비슷할수록 대략적인 숫자를 예측할 수 있어 실패할 위험이 적지만, 듣도 보도 못한 제품을 냈다가 실패하면 책임 문제로 번진다는 것이 상사의 반대 이유였습니다.

군중 심리는 문제 행동과 사고에서도 나타납니다. 2006년, 100곳이 넘는 미국 기업에서 스톡옵션의 권리 부여 일자를 부당하게 조작하여 큰 문제가 되었습니다. '일자 조작'이란 경영진이 고의로 스톡옵션의 부여 일자를 조작해 자신들이 받을 이익을 인상하는 행위입니다.

버핏의 버크셔 해서웨이는 일자 조작과는 무관했으나 버핏은 산하 기업에 호소했습니다.

"다른 회사가 문제 행동을 하고 있으니 우리 회사도 그렇게 하면 되겠다고 여기지 마십시오. (중략) 비즈니스 세계에서 가장 위험한 말은 다섯 개의 단어로 표현할 수 있습니다. '다른 사람들도 다 그렇게 한다 (Everybody else is doing it)'입니다."[*]

---

[*]   재닛 M. 타바콜리, 《디어 미스터 버핏》, 윌리(2009).

"획기적인 제품을 창조할 가능성이 가장 높은 것은 혼자서 일할 때다. 위원회에서가 아니라"는 애플의 공동 창업자인 스티브 워즈니악이 한 말입니다. 이 말은 주식 투자에도 적용됩니다. 군중 심리, 업계 상식에 얽매인 방식, 다수결을 중시하는 위원회 등 "아무도 책임지지 않는 대집단에서 나온 판단은 뛰어나지 않다"*라고 버핏도 딱 잘라 말했습니다.

버핏의 성공은 뉴욕과 동떨어진 오마하에서 홀로 개업하고, 중요한 결단은 '거울을 보고 내리는'**방식을 취한 덕분입니다.

---

*   센게이지러닝 엮음, 《버핏&게이츠 후배와 이야기하다》, 도유칸(2008).

**   《워런 버핏의 말: 세계 최고 투자자의 재치와 지혜》

제3화

세상의 유행은 거들떠보지도 않고, 사실과 근거를 추구한다

투자의 세계에는 조언자가 많습니다. 월가의 사람도 있고, 신용평가회사도 있지요. 그런데 버핏은 그들의 조언에 관심을 기울이지 않습니다. 1983년과 1984년에 버핏은 워싱턴 전력공사의 사채를 1억 3,900만 달러 샀습니다. 신용평가회사에 따르면 단순한 종잇조각이 될 위험이 극단적으로 높아 투자에 적합하지 않았는데도 전혀 개의치 않았어요.

"우리는 신용평가를 근거로 판단하지 않습니다. 무디스나 스탠더드앤드푸어스 같은 신용평가회사에 투자 자금의 운용을 맡기고 싶었으면 진작 그렇게 했을 겁니다."*

---

* 《워런 버핏의 말: 세계 최고 투자자의 재치와 지혜》

이것은 신용평가회사 따위는 불필요하다는 말이 아닙니다. 버핏은 아버지 회사에서 근무하던 시절부터 무디스에서 정기적으로 출간하는《무디스 매뉴얼》을 한 페이지도 빠뜨리지 않고 읽었습니다. 뉴욕에 살던 시절에는 무디스와 스탠더드앤드푸어스에 직접 찾아가 자료를 탐독하기도 했고요.

버핏이 말하기를 "그곳에 얼굴을 내미는 사람은 나 정도였다"라고 합니다. 복사기가 없던 시절이었기에 버핏은 그곳에서 40년, 50년 치 자료를 보고 각종 숫자를 손글씨로 메모했습니다.

버핏은 그러한 자료의 가치를 잘 알고, 자료를 바탕으로 투자할 기업을 찾아내는 능력이 탁월했으나 신용평가 기관의 의견을 곧이곧대로 믿을 만큼 어리숙한 사람은 아니었습니다.

신용평가 기관은 다양한 자료를 토대로 판단을 내립니다. 그렇다고 해서 그들이 말하는 대로 투자하면 그만일까요? 아닙니다. 버핏에게 신용평가는 중요한 정보이지만 그 가치를 판단하는 주체는 어디까지나 버핏 자신입니다. 신용 평가상으로는 투자 위험이 높은 사채를 사는가 하면, 투자 위험이 낮아도 거들떠보지조차 않는 기업이 허다합니다.

버핏은 회계 감사인의 의견 또한 참고하지 않으며, 내부 정보나 경제 예측에도 신경을 쓰지 않습니다.

"만약 회계 감사인이 나보다 매수에 능통해 보인다면 내가 회계를 담당하고, 회계 감사인에게 회사를 경영시켜야겠지요."*

"연방준비제도이사회(FRB, 미국의 중앙은행인 연방준비제도의 핵심 기관)의
앨런 그린스펀 의장(1987년부터 2006년까지 역임)이 날 찾아와서 향후 2년
간 어떤 금융 정책을 취할지 알려 준다고 해도 내 행동에는 아무런 영향
이 없습니다."**

앞에서 이야기한 것처럼 버핏이 그레이엄의 회사를 떠나 오마하로 돌
아왔을 당시, 금융 중심지인 뉴욕과 먼 지방 도시에서 금융업을 한다는
것은 비상식적인 선택이었습니다. 그때는 지금과 달리 인터넷이 없는 시대
였기에 '정보에서 멀어짐'은 곧 '성공에서 멀어짐'을 의미했기 때문입니다.
1968년, 신문 기자에게서 "뉴욕의 소식통과는 어떻게 연락을 취하십
니까?"라는 질문을 받은 버핏은 이렇게 대꾸했습니다.

"내부 정보를 믿고 운용했다가는 1년 안에 파산하고 말 겁니다."

《버핏: 미국 자본가의 탄생》을 보면 투자에 관한 철학과 논리를 잠꼬
대로 치부하는 버핏을 비판하는 학자와 금융 전문가에게 이렇게 반론했
다고 합니다.

---

* 《워런 버핏의 주주총회》
** 《워런 버핏의 말: 세계 최고 투자자의 재치와 지혜》

"당신들이 그렇게 똑똑하다면 왜 내가 부자가 되었을까요?"

버핏에게 이 말을 듣고 반론할 수 있는 사람은 없습니다. 버핏은 신용평가회사에 의지하거나 중개인, 애널리스트에게 상담하지 않습니다. 내부 정보에 휘둘리지도 않습니다. 누군가의 의견이나 권위자의 조언이 아니라 자기 머리로 한 생각을 중시합니다.

"혼자 힘으로 생각하지 않으면 투자에서는 성공하지 못한다. 더군다나 옳은가 그른가는 다른 사람이 찬성하느냐와는 관계가 없다. 사실과 근거가 옳으면 옳다. 결국은 그것이 관건이다."

핵심은 기업이 오래도록 좋은 기업으로 있을 수 있느냐입니다. 남이 어떻게 생각하는가, 세상에 어떤 유행이 나타났는가는 버핏에게 아무런 상관도 없는 일입니다.

제4화

비판과 유혹을 이겨 내려면
내면의 평가표를 가져야 한다

쭉 살펴봤듯이 버핏은 유행하는 이론이나 전문가들의 의견을 신경 쓰지 않고, 독자적인 방식으로 월가 평균을 웃도는 성공을 거두었습니다. 그렇다 보니 때로는 쏟아지는 비판을 받기도 했습니다.

미국에 거품 경기가 한창이던 1960년대 후반에는 '고고 펀드(단기간에 많은 수익을 올리기 위해 위험이 큰 주식에 투자하는 투기성 신탁 상품)'가 유행했습니다. 온갖 펀드가 하루 내지 1시간이라는 단기적인 매매로 실적을 올렸지요. 그 대표 격이 프레드 카라는 인물입니다. 카는 급성장을 이룬 회사의 미공개 주식에 대량으로 투자했어요. 베벌리힐스에 거주하고, 재규어로 통근하는 스타일이었습니다. 1967년에는 연간 이율 116%를 달성하기도 했고요. 매스컴은 카를 '전미에서 제일가는 펀드매니저'라고 추켜세웠습니다.

이 시기에 버핏도 36%(이듬해에는 59%)라는 훌륭한 성적을 올렸습니다. 다만 버핏의 방식은 기업이 가진 가치를 무시하고 주가 상승이라는 가격만 좇는 카 부류와는 정반대였습니다.

버핏은 1960년대에 급성장하여 인기를 끈 제록스나 IBM 같은 테크놀로지(technology) 영역으로 투자 범위를 확장하지 않고, 가격이 아닌 가치에 집중했습니다. 그것은 그때 미국에서 유행한 '새로운 방식'과는 양립하지 않았으나 버핏은 자신이 신뢰하는 방식을 고수했습니다. "나는 이제까지 실천해 온 방식을 바꿀 생각이 없다"라면서요. 나아가 1969년에는 자신의 회사를 해산하고, 버크셔 해서웨이의 경영에 전념하겠다는 의사를 표명했습니다.

당시의 열풍을 버핏은 다음과 같은 우화에 빗대 표현했습니다. 석유 채굴업자가 천국 입구에서 광구(채굴 구역)에 빈자리가 없다고 고했습니다. 성 베드로로부터 한마디를 발언할 기회를 허락받은 그는 "지옥에서 석유가 나왔다!"라고 소리쳤습니다. 그러자 천국의 석유 채굴업자들은 앞다퉈 지옥으로 갔습니다. 마침내 그는 천국으로 입장할 수 있게 되었으나 "정말로 석유가 나올지도 모르니 저들과 함께 가겠습니다"라며 천국행을 거절하고 지옥으로 향했습니다.*

어리석기 짝이 없는 이야기 같지만 실제로 사람은 상승하는 인기주를

---

* 《버핏: 미국 자본가의 탄생》

보면 뒷일을 생각하지 않은 채 시류에 편승하려 든다고 버핏은 말합니다. 반면 버핏은 일부러 집단에서 뒤처지는 위험마저 마다하지 않는 사람이었습니다.

이윽고 거품이 붕괴하자 프레드 카는 폐업으로 내몰렸고, 나중에는 현금화할 수 없는 주식이 산더미처럼 남았습니다. 뒤처져 있던 버핏은 카가 퇴장한 1969년에도 다우 존스 산업평균지수를 18포인트나 웃도는 7%의 이익을 냈고, 이후에는 버크셔 해서웨이를 무대로 '세계 제일의 투자가'로 가는 계단을 오르기 시작했습니다.

그로부터 25년이 지났을 무렵, 버핏은 다시 시류와는 다른 방식을 선택하여 세간의 도마 위에 올랐습니다. 1990년대 후반은 미국 전역이 IT 거품에 취해 너도나도 IT 관련 기업에 투자하여 큰돈을 벌던 시기였는데, 이때도 버핏은 그쪽 주식에 눈길조차 주지 않았습니다.

전문가는 그런 버핏을 옛날 사람이라느니 구시대의 상징이라 불렀고, 월가의 모 전문지는 〈워런, 왜 이러나?〉라는 제목의 기사를 실었습니다.

그래도 버핏은 결단코 IT 관련 주식을 사지 않고, 예전부터 실천해 온 자신의 방식을 고집했습니다. 얼마 지나지 않아 거품이 붕괴하자 주식 시장에서는 수조 달러의 가치가 소멸하고, IT 관련 기업의 직원이 무려 10만 명 이상 해고되었습니다. IT 쪽 기업에 투자하지 않은 버핏이 옳았다는 사실이 증명된 셈이지요. 이로써 버핏은 옛날 사람이 아니라 '어떤 시기에나 귀를 기울여야 할 현인'이라는 점이 분명해졌습니다.

그렇지만 이런 비판이 기분 좋을 리 없습니다. 버핏은 "트랙터가 나왔는데 말을 탄다거나 자동차가 나왔는데 말편자를 만드는 대장장이라거나 하면 역시 즐겁지는 않더군요"*라고 회상했습니다.

그나저나 버핏은 대체 어떻게 이만한 비판과 돈벌이에 대한 유혹을 이겨 내는 것일까요? 버핏은 이렇게 대답합니다.

"평가표(scorecard)가 내면에 있는가, 외부에 있는가. 이것이 사람의 행동을 크게 좌우한다. 내면의 평가표로 수긍이 가면 그것이 버팀목이 된다."**

《현명한 투자자》를 보면 벤저민 그레이엄도 "모두가 당신과 정반대로 생각한다고 해도 그것은 당신이 내린 판단의 성패와는 무관하다"라고 강조했습니다. 자신의 올바름을 관철하기 위해서는 분석에 대한 절대적인 신뢰와 내면의 평가표를 믿는 용기가 중요합니다.

---

* 《워런 버핏의 말: 세계 최고 투자자의 재치와 지혜》

** 《스노볼》

제5화

확신과 용기를 갖고
군중의 반대 방향으로 달려라

버핏에게 성공을 가져다준 것은 '세상의 유행은 거들떠보지도 않고, 자신이 믿는 투자법을 고수하는 방식'이고, 그것의 중요성을 알려준 이는 스승인 그레이엄과 아버지인 하워드입니다. 하워드는 대학 졸업 후 은행의 주식 중개인이 되었는데, 취직하고 불과 2년 만에 대공황이 시장을 엄습하여 주식매매가 거의 불가능한 상황에 빠집니다. 1931년에는 일도 돈도 잃었는데, 슬하에 어린 자식이 둘이 생겼습니다. 하워드는 곧장 증권회사 버핏-스클레니카&컴퍼니를 개업하여 공동사업채와 지방채 중심의 매매로 성공을 거두었습니다.

열정적인 공화당원이기도 했던 하워드는 1942년, 네브래스카주 공화당 하원의원 선거에 아무런 가망이 없는 후보로 입후보하였음에도 훌륭하게 당선됩니다. 신인의원이면서 보수파의 독립주의를 지론으로 삼는 하워드는 다른 의원들과 무리 짓지 않았습니다. 버핏이 "가령 하원에서

3 대 412로 안건이 부결되면 아버지는 보통 3표 쪽이었는데도 태평했다"라고 말할 정도로요.

유연하기는커녕 고지식한 사람이었으나 하워드가 지닌 고결함과 불굴의 정신은 버핏에게 강한 영향을 미쳤고, 독립심이 왕성한 삶의 방식을 지탱하는 힘이 되었습니다.

"나의 아버지는 내면의 평가표가 100%인 사람이었다. 요컨대 철저한 한 마리 늑대였다. 한 마리 늑대가 될 목적으로 그렇게 산 것은 아니었다. 그저 다른 사람에게 어떻게 생각되는가를 신경 쓰지 않았을 뿐이다. 인생을 어떻게 살아가야 하는가는 아버지에게 배웠다."*

아버지에게 물려받은 '외부의 평가표보다 내면의 평가표를 믿는' 생활 방식과 그레이엄에게 배운 '판단이 옳다고 확신했다면 설령 다른 사람이 망설이거나 달리 생각하더라도 자기 판단에 따라 행동하는' 사고방식을 겸비하고 실행한 버핏은 성공을 거뒀습니다.

그레이엄은 "진정한 투자자라면 자신이 군중과 정반대로 매매하고 있다는 데서 충족감을 느끼는 법이다"라고 했습니다.

군중은 시세가 올라가면 냉큼 매수로 돌아서고, 시세가 내려가면 허겁지겁 매도하려 듭니다. 그러나 그레이엄과 버핏은 '현명한 투자자는 군

---

* 《스노볼》

중과는 반대로 행동하는 사람'이라는 신념을 철저하게 지켰습니다.

1929년에 상장하여 494달러라는 고가를 받은 식료품 회사 A&P의 주가는 1932년에 104달러, 1938년에는 36달러까지 떨어졌습니다. 장기간에 걸쳐 안정된 수익을 올리고, 현금 8,500만 달러와 운전자본 1억 3,400만 달러를 보유했는데도 시가총액은 1억 2,600만 달러가 된 것입니다.

주가 하락의 이유는 '체인점에 특별세가 부과된다는 소문이 있어서', '순자산이 전년 대비 감소해서', '시세 전반이 하락해서' 등이었습니다. 그레이엄은 이같은 요인은 일시적이므로 무시해도 된다고 봤습니다. 자금과 용기가 충분하다면 싼값일 때 매수하여 점점 불리면 그만이라면서요. 결과는 어땠을까요? 이듬해 A&P의 주가는 117.5달러까지 회복됐습니다. 군중과는 반대되는 움직임이 성공했어요. 버핏의 생각도 그레이엄과 다르지 않습니다.

"타인이 탐욕스러워질 때는 겁을 내고, 주위에서 겁낼 때는 탐욕스럽게."

1960년대 후반, 버핏은 버크셔 해서웨이와 다른 한 곳만 남기고 자사를 해산하여 은퇴하겠다고 선언했으나 은퇴는 오래가지 않았습니다.

1970년대에 들어 제록스와 코닥을 중심으로 크게 올랐던 주가는 내려가고, 시장 참여자의 활동이 줄어들기 시작한 무렵이었습니다. 버핏은 살로몬 브라더스를 통해 버크셔 해서웨이에 필요한 자금을 조달했습니다. 섬유사업 재건이 아니라 투자를 위한 자금이었습니다.

"버크셔가 매수할 수 있는 시기는 다른 투자자가 레밍(집단으로 행동하는 쥐)처럼 일제히 매도로 쏠릴 때입니다"[*]라는 말대로 약세장에서 싼 금리로 자금을 조달한 버핏은 인기주가 아니라 워싱턴 포스트 같은 가치주에 주목하여 차근차근 투자를 실행했습니다.

버핏은 "위기 상황일 때 현금에 용기가 더해지면 그 가치는 헤아릴 수 없다"라고 생각합니다. IT 거품이 붕괴하여 투자자 대부분이 큰 타격을 입고, 전망이 보이지 않는 상황에서 다음 수를 두지 않았을 때(2000년대 초반)도 버핏은 군중과는 반대로 행동했습니다. 담배꽁초 매수(경영 상태는 나쁘지만 주가가 극단적으로 싼 기업을 매수하여 담배꽁초의 마지막 한 모금만큼의 이익을 얻는 투자법)와 정크본드(신용 등급이 낮은 기업이 발행하는 고위험·고수익 채권) 매수를 진행하고, 주방용품 회사 팸퍼드 셰프를 매수했지요.

요점은 자기 판단에 절대적인 믿음을 가질 수 있느냐 없느냐입니다. 확신과 용기가 있으면 매스컴이 어떻게 위기를 부채질하고 비관론이 월가를 지배해도 문제없습니다. 정확한 판단과 확신, 용기 그리고 자금이 있으면 위기도 기회로 바꿀 수 있습니다. 버핏은 선견지명과 자원, 용기를 모두 갖춘 사람입니다.

---

[*] 《워런 버핏의 말: 세계 최고 투자자의 재치와 지혜》

워런 버핏의 8가지 투자 철학

Buffett's Memo

- 한 번의 뼈아픈 실패에서 평생의 규칙을 만들어낸다.

- 모두가 하고 있다는 이유로 남을 따라 해 봤자 성공하지 못한다.

- 자신의 판단이 옳다고 확신한다면 다른 사람과 반대되더라도
  자기 판단에 따라 행동해야 한다.

- 신용평가 기관도 판단의 기준은 되지 않는다.

철학3

버핏의 수비 범위

자신의 '깜냥'을
절대
넘어서지 않는다

욕심에
현혹되는 순간

저 업계가 돈이 된다고 다들 입을 모으고, 실제
로 돈이 되는 상황일지라도 자신의 이해 범위
바깥으로는 손을 대지 않는다.

투자에 관한 버핏의 사고방식을 특징짓는 요소 중 하나가 바로 '깜냥'입니다. 어느 날, 버크셔 해서웨이의 주주총회에 출석한 샌프란시스코의 한 투자자가 버핏에게 어떤 소문에 대해 질문했습니다.

그 소문은 무엇일까요? 버핏이 중국 국영 석유회사 페트로차이나의 연차보고서를 읽고, 극단적으로 과소평가되었다는 판단이 들자마자 페트로차이나 주식의 1.3%를 4억 8,800만 달러로 취득하여 막대한 이익을 냈다는 소문입니다.

샌프란시스코의 투자자는 회사를 방문하거나 경영진에게 전화조차 걸지 않고 어떻게 그런 거금을 투자할 수 있었는지 의문이 들었습니다. 그래서 주주라면 누구나 버핏에게 질문이 가능하고, 버핏이 시간제한 없이 대답해주는 주주총회에 참석하여 "왜 연차보고서만 읽고 투자를 결정했나요?"라고 물었습니다. 버핏의 대답은 이러했습니다.

"2002년과 2003년에 연차보고서를 읽었습니다. 누구에게도 상담하지 않았습니다. 그저 페트로차이나의 여러 사업을 심사하여 결정했을 따름입니다."*

버핏은 엑손을 비롯한 다른 석유회사의 안건으로 수많은 경험을 했습니다. 관련 지식이 풍부한 버핏에게 페트로차이나의 가치가 어느 정도인지 파악하는 일쯤은 식은 죽 먹기입니다. 가치를 파악하고 가격을 봤을 때 '이것은 과소평가되었다'는 결론이 나면 순식간에 '투자한다'라는 판단이 이루어집니다. 회사 방문도, 버핏이라면 가능한 경영진과의 대화도 일절 없이 말입니다. 이것이 버핏이 말하는 '깜냥'입니다.

'깜냥껏 투자하라'는 말은 그 업계가 자기에게 빠삭한 분야이고, 해당 업계의 기업을 올바르게 판단할 능력이 있다면 능력의 범위 내에서 투자하라는 의미입니다. 다시 말해 자기가 잘 모르는 분야는 아무리 주가가 매력적이고 또 인기 종목이어도 안이하게 손을 대서는 안 된다는 뜻입니다.

지금이야 버크셔 해서웨이의 보유 종목 1위에 애플이 군림하고 있지만 버핏은 '깜냥 밖'이라는 이유로 오랫동안 IT 기업에 대한 투자를 꺼렸습니다. 그 탓에 주위에서 적잖은 야유를 보내기도 했고요. 그러나 이에 굴하지 않고 자신의 '깜냥'을 지켜 온 방식이 버핏에게 흔들림 없는 성공을 가져다 주었습니다.

---

* 《워런 버핏의 주주총회》

워런 버핏의 8가지 투자 철학

제1화

인기 높은 투자처여도 잘 모르는 분야라면 절대 손대지 않는다

투자에 성공하려면 무엇이 필요할까요? 높은 아이큐(IQ)? 폭넓은 전문 지식?

버핏이 말하는 '깜냥'은 그것의 범위가 넓으면 넓을수록 기회가 확장되고 이익이 증가하는 개념은 아닙니다. 버핏이 《디어 미스터 버핏》에서 "월가에서는 모두가 적어도 140이 넘는 아이큐를 가지고 있다"라고 말했듯이 금융의 세계, 투자의 세계에 아이큐가 높은 사람은 얼마든지 많습니다. 그렇다고 높은 아이큐가 성과로 이어지지는 않습니다. 왜냐하면 '투자는 지능지수 160인 사람이 130인 사람에게 반드시 이긴다고는 할 수 없는 게임'*이기 때문입니다.

---

* 《워런 버핏의 말: 세계 최고 투자자의 재치와 지혜》

그렇다면 투자 성공은 무엇으로 결정될까요?《워런 버핏의 말: 세계 최고 투자자의 재치와 지혜》를 보면 버핏은 이렇게 단언합니다.

"자신의 깜냥을 얼마나 키우느냐가 아니라 깜냥의 경계를 어디까지 엄밀하게 정할 수 있느냐, 그것이 관건이다. 자기 능력이 커버하는 범위를 정확하게 파악하고 있으면 투자는 성공한다. 깜냥의 면적은 남들보다 다섯 배나 넓지만 경계가 불분명한 사람보다 경계를 확실히 아는 사람이 부유해질 수 있다고 생각한다."

버핏과 흡사한 사고방식을 가진 사람으로 피터 린치가 있습니다. 린치는 주식투자신탁 마젤란 펀드의 운용을 담당하고, 1990년에 은퇴할 때까지 13년에 걸쳐 펀드의 자산을 2,000만 달러에서 세계 최대 규모인 140억 달러로 키웠습니다. 이토록 경이적인 퍼포먼스로 '80년대의 슈퍼스타', '미국의 1등 펀드매니저'라고 불리는 린치가 일반 투자자에게 추천한 것이 "텐배거(10배 오르는 주식)를 찾으려면 자기 집 근처에서 시작하라"였습니다.

린치에 따르면, 주식 투자를 시작한 일반 투자자는 평소 자기가 잘 알거나 즐겨 이용하는 기업이 아닌 생소한 기업에 투자하고 싶어 한다고 합니다. 매일 먹는 던킨도너츠보다 증권회사 사람이 추천하는, 무엇을 만들고 어떤 서비스를 제공하는지 선뜻 이해되지 않는 테크놀로지 기업 같은 곳에 자신의 소중한 돈을 투자하고 싶어 한다고요.

현실적으로 자기에게 지식이 없는 회사를 이해하기란 몹시 어렵습니다. 회사를 이해하지 못하면 그 회사의 미래가 어떻게 될지 이해할 수 없기에 결국 증권회사 말대로 사고팔기를 반복하다가 투자에 실패하게 됩니다.

그렇다면 자기가 평상시에 이용하는 가게나 서비스는 어떨까요? 복잡해서 알기 어려운 회사가 아니라 집 근처의 패밀리 레스토랑이라든가 편의점, 택배회사라면 그곳이 어떤 사업을 하는지도 알고, 인기가 있는지 없는지도 실감할 수 있을 것입니다. 취미로 게임, 철도, 사진을 즐기는 사람이라면 그쪽 분야에 지식도 있고, 관련 기업을 조사하는 일도 그리 고생스럽지 않겠지요.

"자신이 잘 아는 것에 투자하십시오"가 린치의 조언입니다. 린치의 조언은 버핏이 원칙으로 삼는 '깜냥'과 맥락이 같습니다. 버핏도 '자기가 이해할 수 있고 충분히 아는 분야'로 투자 범위를 좁히고, 그 외의 분야에는 안이하게 손대지 않는 것을 투자의 기본으로 여깁니다.

이런 까닭에 버핏은 테크놀로지 기업과 IT 기업에는 아무리 시장이 과열되어도 절대 투자하지 않았고, "시대에 뒤처졌다"라는 소리도 들었으나 최종적으로는 버핏이 옳았다는 사실을 증명했습니다.

이것은 테크놀로지 기업이나 IT 기업에는 손대지 말라는 의미가 아닙니다. 어떤 분야가 자신의 깜냥 밖에 있다면 쉽게 손대지 말라는 뜻입니다. 자기가 그 분야에 환하고, 장래성을 올바르게 평가할 수 있다면 얼마든지 투자해도 괜찮습니다.

투자의 세계에는 기본 원칙을 뒤흔드는 유혹이며 무심코 깜냥 밖으로 나가게 할 만큼 매력적인 제안이 수두룩합니다. 유혹에 넘어가 제안을 받아들이느냐, 아니면 스스로 정한 원칙과 깜냥을 꿋꿋이 지키느냐. 어느 쪽을 고르는가로 투자의 성과가 결정된다고 버핏은 생각합니다.

중요한 것은 높은 아이큐나 넓은 깜냥이 아닙니다. 기본적인 원칙과 깜냥에 얼마나 충실할 수 있는가. 그것이야말로 비즈니스 세계에서 통하는 성공의 힌트가 될 것입니다.

워런 버핏의 8가지 투자 철학

제2화

언제나 원리 원칙에 충실할 수 있는가?

1969년, 버핏은 그레이엄의 회사를 그만두고 오마하로 돌아갔을 때부터 운영한 회사를 해산하겠다고 밝혔습니다. 그때까지 버핏의 회사는 줄곧 눈부신 운영 실적을 올렸지만 1960년대 후반의 '고고 펀드' 유행을 포함하여, 버핏이 관심을 표시하는 기업과 이용 가능한 기회가 확연히 감소한 상태였습니다. 버핏도 그것을 느꼈고요. 하지만 회사를 경영하는 한 투자는 이루어져야 합니다. 모두가 만족할 만한 성적을 꾸준히 내야 하지요.

그렇다고는 하나 괜찮은 투자 기회는 물론 좋은 아이디어도 없는 상황에서 투자를 강행하는 것은 버핏의 방식이 아니었습니다.

버핏의 방식은 이렇습니다. 종이와 연필을 준비하고, 자신이 이해할 수 있는 기업의 이름을 종이에 적은 뒤 그것을 에워싸는 형태로 원을 그립니다. 다음으로 가치를 비교하여 가격이 높은 곳, 경영진이 못난 곳, 사업

환경이 부실한 곳을 차례차례 엄선하여 원 중심에서 바깥으로 내보냅니다. 그리하여 마지막까지 원 중심에 남은 곳이 투자할 대상이 됩니다.

그런데 만약 원 중심에 남은 곳이 하나뿐이라면 어떡해야 할까요?

"자기 깜냥의 범위 안에 이렇다 할 곳이 없다고 해서 무모하게 원을 키우면 안 됩니다. 가만히 기다립니다."

버핏은 기회가 왔을 때만 행동하면 된다고 여깁니다. 《워런 버핏의 말: 세계 최고 투자자의 재치와 지혜》를 보면 이와 관련하여 버핏이 무척 좋아하는 야구를 예로 들어 설명한 것이 있습니다.

"투자의 세계에 '공을 쳐 보지도 못하고 삼진아웃을 당하는 경우'는 없습니다. 투자자가 야구방망이를 들고 타석에 서면, 시장이라는 이름의 투수가 야구공을 정중앙으로 던집니다. '제너럴 모터스 주식이 47달러에 어떠냐'라는 느낌으로요. 만약 47달러로 살 결심이 서지 않는다면 타자는 그 기회를 그냥 보냅니다. 야구라면 여기서 심판이 스트라이크를 외치겠지만 투자의 세계에서는 누구도 아무런 말을 하지 않습니다. 투자자가 스트라이크를 치는 건 헛스윙했을 때뿐입니다."

투자자는 남이 보기에 아무리 치기 좋은 공이라도 본인이 내키지 않으면 야구방망이를 휘두를 필요가 없습니다. 자기가 잘 치는 공, 좋아하는 공이 올 때까지 기다리면 그만입니다. 심지어는 야수(野手, 다른 투자자라든가 월가)가 잠들었는지를 살피고 나서 공을 칠 수도 있다고 버핏은 말합니다.

버핏은 기회가 풍부하다고는 생각할 수 없게 되자 회사를 해산했다가 이윽고 월가에서 "전망이 확실해질 때까지 주식 매수는 보류하는 편이 낫다"라고 말하기 시작하자 맹렬히 매수에 나섰습니다. 그때는 '버핏이 치기 좋은 공'이 많았기 때문입니다.

버핏은 어떤 업종이건 일반적으로 들리는 정보를 곧이듣지 않고, 자신의 머리로 수긍이 갈 때까지 생각합니다. 손에 들어오는 모든 정보를 읽고, 조사하고, 숙고합니다. 버핏의 깜냥은 그렇게 완성되었습니다.

"나는 천재가 아니다. 특정 분야에서 뛰어난 능력을 지녔을 뿐이라 그 분야 외에는 손대지 않는다."

이것은 IBM의 창업자 토머스 왓슨이 한 말입니다. 버핏도 스스로 이해할 수 있는 범위를 지키면서 자신이 무엇을 할지 깜냥껏 결정하여 세계 제일의 투자자가 되었습니다.

그런 버핏도 코로나 시국의 영향을 완전히 피하지는 못했습니다. 버크셔 해서웨이의 결산 자체는 흑자로 돌아섰으나 운용 면에서는 버핏이 전부터 공언한 '코끼리급 매수'가 좀처럼 실현되지 않았거든요. 2020년에 미국 도미니언 에너지로부터 천연가스 수출 및 저장 사업을 매수한 것 말고는 눈에 띄는 안건이 없고, 과거 최대 규모가 된 잉여 자금은 자사

주 매수로 돌렸습니다. 대형 매수가 어려운 이유는 무엇일까요? 세계적으로 돈이 남아돌게 된 영향으로 투자 펀드와의 경쟁의 격화되고, 덩달아 매수 가격이 올라갔기 때문입니다. 이같은 시기에 값이 비싸도 자금을 쏟아부어 매수하는 것은 역시 버핏의 방식이 아닙니다.

버핏의 방식은 가격과 가치의 차이를 제대로 구분하는 것입니다. "투자의 세계에 공을 쳐 보지도 못하고 삼진아웃을 당하는 경우는 없다"라고 말했듯이 버핏은 자신의 스트라이크존에서 벗어나 무리하게 야구방망이를 휘두르려고 하지 않습니다.

그렇지만 한편으로는 '남아도는 자금을 어떻게 해야 하나'라는 과제와 주주의 요구가 있어서 버핏에게도 지금은 중요한 고비이지 않을까 싶습니다. 어쩌면 코로나 사태는 버핏에게 그가 변함없이 원리 원칙에 충실할지 말지를 묻고 있는지도 모릅니다.

워런 버핏의 8가지 투자 철학

제3화

빌 게이츠의 회사라고 해도
10년 뒤는 모르는 일이다

버핏은 젊은 시절부터 '깜냥'을 지키는 투자법을 실천해 왔습니다. 1960년대 중반, 시장에서 인기를 차지한 것은 폴라로이드, 제록스, 일렉트로닉스 데이터 시스템 같은 테크놀로지 기업으로 전 세계 사람들이 이들 기업의 주식을 탐냈습니다. 버핏은 빼고요.

"내 머리로 이해하기 어려운 기술이 투자의 결단에 연관된 기업에는 손대지 않는다."

이것은 버핏이 자기 자신에게 부과한 제한이며, 버핏은 이 제한 때문에 인생 최대의 투자 기회를 놓치기도 했습니다.

그리넬 대학의 이사가 되어 재무위원회에 참석한 버핏은 어느 날, 한 기업의 투자를 승인해야 할지 말지 답변해야 했습니다. 그 기업은 페어차

일드 반도체 출신의 밥 노이스, '무어의 법칙(인터넷 경제의 3원칙 중 하나로 마이크로칩의 밀도가 18개월마다 2배로 늘어난다는 법칙)'으로 유명한 고든 무어, 나중에 CEO로서 급성장하는 앤디 그로브가 설립한 회사였습니다. 즉, 훗날의 인텔입니다.

버핏이 그리넬 대학의 이사직을 맡도록 설득한 조셉 로젠필드(백화점 체인 영커스의 경영자)와 그리넬 대학이 각각 10만 달러를 투자할 뿐 아니라 수십 명의 출자자가 투자를 예정하고 있어, 인텔의 자본금은 250만 달러에 달했습니다.

이때 버핏은 이사 동료이기도 한 밥 노이스와 조셉 로젠필드에게 경의를 표하고, 대학의 투자를 승인했으나 본인은 투자하지 않았습니다. IBM과 경쟁하는 컴퓨터 회사에 투자를 요청받았을 때 "컴퓨터 회사가 그렇게 잔뜩 필요할 리 없다"라는 이유로 뿌리쳤듯이 이번에도 개인적인 투자는 거절했습니다.

하이테크 관련 투자에는 '안전마진(안전역)'이 없다는 것이 변함없는 이유였습니다. 대학의 투자를 승인한 이유도 '조셉 로젠필드의 개인 보증이라는 안전마진이 있다는 점'과 '인텔 설립자 3인의 능력'을 높이 평가해서였고요. '말이 아니라 기수에게 거는'* 방식을 따랐던 것입니다.

이윽고 인텔은 세계적인 기업으로 성장했지만 그만한 성공을 직접 보고도 버핏은 자기 자신에게 부과한 제한을 바꾸지 않았습니다.

---

* 《스노볼》

절친한 빌 게이츠가 창업한 마이크로소프트건 인텔이건 10년 후는 모른다며, 자신은 테크놀로지 기업에 투자하지 않았습니다. 《버핏의 주주총회》를 보면 그 이유가 이렇게 설명되어 있습니다.

"내년 1년을 테크놀로지 공부에 모조리 할애한다고 해도 나는 그 분야에서 백 번째, 천 번째, 만 번째로 우수한 애널리스트조차 되지 못할 테니까요."

투자할 요량이라면 자기가 잘 아는 기업이나 잘하는 분야에 철저해지는 편이 낫습니다. 국내 톱 클래스가 될 수 없다면 그쪽 기업 혹은 분야에 투자하는 의미가 없습니다. 버핏은 자기 깜냥을 확실하게 지키며 잘 아는 방면에만 투자함으로써 꾸준히 괄목할 만한 성과를 올렸습니다. "유행하니까", "시대 흐름이니까"라며 안이하게 깜냥의 범위를 확장하지 않는 태도야말로 버핏의 약점인 듯 약점 아닌 진짜 강점입니다.

단, '투자하지 않음'과 '무관심'은 다릅니다. 버핏에게는 해마다 몇천 건씩 결산서며 연차보고서를 읽는 습관이 있는데, 버핏은 자신이 투자하는 기업의 연차보고서만 훑어보는 것이 아닙니다.

관심 있는 기업의 연차보고서는 끈질기게 계속 살펴봅니다. 버핏의 첫사랑이나 다름없는 가이코 주식도 한 차례 손을 놓았으나 20년여 년을 지켜보다가 1975년에 가이코의 이변을 알아차리고 재차 주목했듯 버핏은 IBM과 미국의 철도회사 BNSF에도 최종적으로는 투자를 결정합니다.

2010년 《닛케이 베리타스》와의 인터뷰에서 버핏은 다음과 같이 이야기했습니다.

"BNSF의 연차보고서를 30년, 40년 읽어 왔지만 그동안은 아무것도 하지 않았습니다. 몇 년 전에야 간신히 철도회사를 매수했지요."

"IBM의 연차보고서를 지난 50년간 매년 읽었습니다. 올해도 읽었는데 IBM이 앞으로도 경쟁력을 유지하겠다는 예측이 쉽게 가능해졌다는 사실을 문득 깨달았습니다."

버핏에게는 어떤 기업이 하는 일을 이해할 수 있고, 그 기업의 성장에 확신을 가질 수 있는지가 중요합니다. 그것이 불가능한 동안에는 결단코 투자하지 않되 절대 잊지 않습니다. 관심을 가지고 끈질기게 지켜봅니다.

제4화

남다른 업적을 달성하기 위해
주목해야 할 것은 이것이다

버핏은 세계 제일의 투자자지만 《손자병법》에서 이상적이라고 여기는 백전백승을 거두지는 않았습니다. 과거에는 쓰라린 투자 실패도 몇 번이나 겪었습니다.

이를테면 유서 깊은 백화점 호치스차일드 콘을 매수한 일은 찰리 멍거가 "즐거웠던 건 이틀뿐. 산 날과 판 날이었다"* 라고 말할 정도로 가혹한 경험이었습니다. 버핏이 아직 회사(버핏 어소시에이츠)를 운영하던 1966년, 버핏은 식료품 판매에 관해 아무것도 몰랐으나 회사를 위해 그 싫어하는 빚까지 내서 백화점을 매수했습니다.

백화점의 소유자인 콘 가문은 오래된 차를 타고 검소하게 생활하는, 버핏이 좋아하는 부류였습니다. 게다가 아이큐도 대단히 높고 성품이 고

---

*　《스노볼》

결한 루이스 콘이라는 매니저까지 발견했지요. 문제는 경쟁 백화점이 세 곳이나 된다는 점이었습니다.

호치스차일드 콘이 위치한 도심지 교차점에는 길모퉁이마다 제 나름대로 번성한 백화점이 있어서 '퍼레이드 구경꾼처럼 까치발을 들고' 서로를 견제했습니다. 어느 백화점이 엘리베이터를 설치하면 다른 곳도 모방하는 식으로요. 이런 생존 경쟁을 계속하는 한 이익이 성장할 리 없으니, 버핏은 기대했던 이익을 거두지 못한 채 매수했던 때와 별다르지 않은 금액으로 백화점을 매각할 수밖에 없었습니다.

처음 계획이 빗나갔다는 의미에서는 버크셔 해서웨이도 마찬가지입니다. 버핏은 버크셔 해서웨이를 다시 세우려 장기간에 걸쳐 악전고투했으나 이미 경쟁력을 잃은 회사를 재건하지는 못했습니다. 결국 버크셔 해서웨이의 섬유사업은 공장 폐쇄와 기계설비 매각으로 막을 내렸죠.

US항공도 일이 잘 풀리지 않았습니다. 이러한 경험을 통해 버핏은 곤경에 빠진 사업을 재건하기란 몹시 어렵다는 점을 배웠습니다. 섬유사업과 백화점처럼 사양길에 접어든 업종은 제아무리 우수한 경영자가 있어도 그 흐름을 멈추고 융성시킬 수 없습니다.

어려운 문제에 맞서기보다 문제가 없는 좋은 사업을 '그럭저럭한 금액'으로 사는 편이 탁월한 성과를 낼 수 있음을 통감한 버핏은 자신의 성공 원인으로 '어려운 사업을 피하게 된 점'을 꼽습니다. 《워런 버핏의 편지》를 보면 다음과 같이 강조했다는 것을 알 수 있습니다.

"(나의 성공은) 뛰어넘을 수 있는 30cm 허들을 찾는 데 정성을 기울인 덕이지, 2m 허들을 뛰어넘을 능력이 있어서가 아닙니다."

버핏의 기본은 자기가 훤히 아는 '쉬운 것을 하라'입니다. 어려워서 예측하기 까다로운 사업에 투자하여 굳이 위험을 무릅쓰지 않고, 자기가 이해할 수 있는 쉬운 사업에 투자하면 그만입니다. 버핏은 "지푸라기에 파묻힌 바늘을 애써 찾을 필요는 없습니다. 눈앞에 바늘이 놓여 있을 때는"*이라는 원칙을 관철하여 큰 성공을 거뒀습니다.

버핏의 지인인 월터 슐로스는 버핏이 처음으로 출석한 마샬 웰스 주주총회에 출석한 1인입니다. 그는 뉴욕 금융협회에서 벤저민 그레이엄의 야간 과정을 수강하고, 그레이엄-뉴먼에서 근무한 뒤 개인 투자자가 되었습니다. 슐로스의 업적은 버핏마저 경탄할 정도이지만 그는 어디까지나 그레이엄의 방식을 충실히 지킬 뿐 무언가 특별한 정보원을 갖고 있지는 않다고 합니다.

버핏에 따르면, 슐로스는 "1달러의 가치가 있는 사업을 40센트로 살 수 있다면 나에게 좋은 일이 일어날지도 모른다"**라고 믿으며 100여 개의 종목에 분산투자를 합니다. 책자에서 필요한 숫자를 찾아내고, 연차보고서 요청하기를 수없이 반복하여 탁월한 운용 실적을 올리는 데 성

---

*　《워런 버핏의 주주총회》

**　《현명한 투자자》

공했지요.

《워런 버핏의 말: 세계 최고 투자자의 재치와 지혜》에 보면 버핏이 "우리는 모두 월터 슐로스의 운영 스타일을 배워야 한다"라고 슐로스를 칭찬했다는 사실을 잘 알 수 있습니다.

애플을 창업한 스티브 잡스를 보고 있으면 눈부신 업적에는 그만한 재능과 남다른 열정이 필수라는 생각이 들곤 합니다. 하지만 스티브 잡스만큼이나 눈부신 업적을 거둔 버핏은 단언합니다.

"투자나 기업 경영이나 내가 느끼기엔 똑같습니다. 뛰어나지 않아도 뛰어난 업적을 이룰 수 있다는 점에서 말입니다."*

조급해하지 않고, 원칙에 따라 해야 할 일을 성실히 반복하기만 해도 사람은 남다른 업적을 세울 수 있습니다. 버핏은 몇 번의 실패를 통해 '깜냥과 원칙을 지키는 것'이 얼마나 중요한지를 배웠고, 그 배움이 이후의 성공으로 이어졌습니다.

---

* 《워런 버핏의 말: 세계 최고 투자자의 재치와 지혜》

제5화

핵심은
판단의 횟수가 아닌 질이다

앞에서 서술했다시피 버핏은 주식 보유 기간이 장기간을 넘어 '영원해 도 좋다'라고 생각합니다. 일단 손에 들어온 기업이나 주식은 섣불리 내 놓지 않고, 시간을 들여 육성해서 가능한 한 많은 수익을 내는 방식을 이상적이라고 여깁니다.

그런 버핏의 인생관을 고스란히 드러내는 것이 '정령이 준 자동차' 이 야기입니다.

16세가 되었을 때, 소년 버핏의 앞에 나타난 정령이 말했습니다.

"워런, 뭐든 원하는 자동차를 줄게. 내일 아침에는 커다란 리본을 단 자동차가 여기에 있을 거야. 새 차고, 완전히 네 소유야."

정령 이야기를 좋아해서 즐겨 읽던 버핏은 "뭔가 함정이 있겠지?"라고 질문합니다. 정령의 대답은 이러했습니다.

"딱 하나 있어. 이건 네가 살면서 마지막으로 갖는 자동차라는 거! 그러니까 평생토록 타야 해."

버핏은 원하던 자동차를 받고 나서 생각했습니다. '이게 내 인생의 마지막 자동차라면 설명서를 다섯 번 읽고, 차고에 보관해야겠어. 그럼 찍히거나 긁힐 일도 없겠지. 녹슬면 곤란하니까 만약 녹이 슬면 바로 고치자.'

버핏은 《스노볼》에서 두뇌와 육체를 '살면서 마지막으로 갖는 자동차'와 똑같이 소중하게 다뤄야 한다고 말합니다.

"두뇌도 육체도 하나밖에 없다. 그 하나를 평생 굴려야 한다. 소중히 여기지 않고, 그냥 마음대로 끌고 다니면 편하기야 하겠으나 40년 뒤에는 고물 자동차처럼 너절해진다. 오늘, 지금, 이 순간부터 뇌와 몸을 소중히 여겨야 한다. 10년, 20년, 30년 뒤 두뇌와 육체의 움직임이 그것으로 결정된다."

이 말대로 버핏은 90세를 넘긴 지금도 현역 투자자이자 세계 제일의 투자자입니다. 그렇다고 버핏이 몸과 식생활에 심히 주의를 기울이는가 하면 꼭 그렇지는 않지만요. 어쨌거나 여전히 투자 세계의 최전선에서 싸우고 있다는 점이 대단합니다.

워런 버핏의 8가지 투자 철학

버핏에게는 자신이 투자한 회사가 몸과 뇌만큼이나 소중히 여겨야 할 대상입니다. 따라서 섣불리 내놓거나 약간의 주가 변동을 이유로 매매하지 않습니다.

단, 그러기 위해서는 그 회사가 '영원히 보유'할 만한 곳이어야 합니다. 버핏은 그날그날의 주가 변동에는 털끝만큼도 관심을 표하지 않습니다. 제안받은 투자 안건도 전부 검토하지는 않고요. 불필요하다고 생각되면 상대의 이야기를 끝까지 듣지 않고 "노(NO)"의 뜻을 밝힙니다. 자기 깜냥 바깥으로는 눈길조차 주지 않아요.

버핏이 그럴 수 있는 까닭은 작은 안건에 손대서 사소한 이익을 취하는 데 관심이 없기 때문입니다. 버핏은 왜 그쪽에 관심이 없을까요?《위런 버핏의 편지》를 보면 알 수 있습니다.

"찰리와 나는 살면서 몇백 번이나 현명한 투자 결단을 내리기란 무리라는 사실을 옛날에 깨달았습니다. (중략) 그래서 우리는 아주 현명해지기보다 몇 번쯤 현명한 결단을 내리는 전략을 택했습니다. 현실적으로 지금 우리는 1년에 한 번 좋은 생각이 떠오르면 괜찮다고 봅니다."

이것은 버핏에게 투자 결정의 질을 높이는 방편이기도 했습니다. 그 결과가 코카콜라, 아메리칸 익스프레스, 가이코와의 오랜 인연으로 이어졌지요.《스노볼》을 보면 버핏은 학생들에게 이렇게 조언합니다.

"나는 평생 스무 번밖에 못 쓰는 카드라고 생각한다. 이 카드는 재무적인 결정 1회당 한 번밖에 쓰지 못한다. 그러면 작은 일에 슬쩍슬쩍 쓰는 것은 삼가게 마련이니 결정의 질이 오르고, 큰 결정을 하게 된다."

세상에는 잇따라 신속하게 결단을 내려서 성과를 얻는 사람도 있을지 모릅니다. 그렇지만 판단의 횟수보다는 질이, 질 높은 판단으로 올리는 성과가 더 중요합니다.

그다지 가치가 없는 일, 할 필요가 없는 일에만 손대서 잘해 봤자 무의미합니다. 정말로 중요한 일, 의미 있는 일이 무엇인지 제대로 판별하고 나서 결정을 내리세요. 결정의 질을 올리려면 자질구레한 일을 끊어 내는 용기도 필요합니다.

워런 버핏의 8가지 투자 철학

Buffett's Memo

- 시대에 뒤처졌다는 야유를 들어도 모르는 분야에는 손대지 않는다.

- 자기가 아는 것과 모르는 것의 경계를 명확히 한다.

- 기회도 아이디어도 없을 때는 무리하게 투자하지 않는다.

- 버핏도 백전백승은 아니다.

철학4

버핏의 위험 대책

원칙은
'손해를 보지 않는'
것이다

계속 승리하는
단 하나의 비결

계속 승리하고 싶다면 항상 신중하게, 최소한의
위험을 부담하라. 설령 그리하여 일시적으로 큰
손해를 보게 될지라도.

투자를 하는 이상 투자 위험과 무관할 순 없습니다. 그런 세계에서 버핏은 벌써 80년 가까이 투자를 실행하며 매년 착실히 성과를 내고 있습니다.

버핏의 투자 원칙은 '①손해 보지 않는다', '②①을 절대로 잊지 않는다'입니다. 그다음이 단기간에 벼락부자가 되려 하지 않고 "Get rich, stay rich(부를 얻고, 부를 유지한다)"*를 신조로 삼는 것입니다.

1994년의 일입니다. 살로몬 브라더스 시절에 예의 문제를 일으키는 '아브 보이스(재정거래팀)'를 설치하고, 머지않아 임시 회장이 된 버핏에게 밀려난 존 메리웨더가 LTCM(롱텀 캐피털 매니지먼트)이라는 헤지펀드를 설립합니다. 자본의 25배 레버리지(차입금 등 타인의 자본을 지렛대처럼 이용하여 자기 자

---

* 《디어 미스터 버핏》

본의 이익률을 높이는 일)로 거래를 되풀이해 이익을 창출하고, 손실은 자산의 최대 20%라는 계획으로요.

LTCM의 설명을 들은 버핏과 찰리 멍거는 머리가 좋은 사람들이라고 느꼈지만 설명이 지나치게 복잡하다는 점과 레버리지에 의문을 품고 참가를 주저했습니다. 그러나 살로몬 브라더스에서 월등한 성적을 올렸던 메리웨더를 신뢰하여 LTCM에는 12억 5,000만 달러라는 자산이 모였고, 역사상 최대 규모의 헤지펀드가 탄생했습니다.

초반에는 모든 일이 순조로워 보였습니다. 3년 만에 투자자의 돈이 네 배로 증가했지요. 문제는 1998년에 일어났습니다. 러시아가 대외채무 지급 정지를 선언하면서 세계 금융시장이 얼어붙자 LTCM도 불과 며칠 사이에 자본의 절반을 잃고 말았습니다.

LTCM의 에릭 로젠필드가 당황하여 버핏에게 도움을 요청했으나 때는 이미 늦었습니다. 버핏은 아이큐가 160 이상인 사람이 십수 명 있고, 경력을 다 합치면 250년에 육박하는 그들이 거액의 레버리지를 썼다는 데 놀라 이렇게 말했습니다.

"정말 똑똑한 사람들이 지금껏 몇 명이나 따끔한 맛을 보면서 배운 점이 있습니다. 눈이 튀어나올 만한 숫자도 마지막에 0을 곱하면 0이 된다는 사실입니다."*

---

* 《워런 버핏의 말: 세계 최고 투자자의 재치와 지혜》

제1화

항상 '안전마진'을
의식해서 투자한다

버핏은 그레이엄이 쓴 책을 몇 번이나 읽고, 거의 암기할 정도로 열렬한 독자였으나 그레이엄의 모든 방식을 실제 투자에 맹목적으로 적용하지는 않았습니다. 자신의 머리로 생각해서 지켜야 할 것과 그렇지 않은 것을 취사선택했습니다. 이 또한 주목할 부분입니다.

가령 버핏은 투자 위험을 줄이기 위해서라 할지라도 '지나친 분산투자'는 의미 없는 일이라고 여겼습니다. 지나친 분산투자는 일찍부터 무시하고, 다른 방식(①주식이 아니라 사업을 산다, ②가격과 가치의 차이를 확인한다, ③안전마진을 확보한다)을 성실하게 이행했지요.

투자 위험에 능숙하게 대처하려면 반드시 '안전마진'을 고려해야 합니다. 안전마진이란 '기업의 현재 주가와 본질적인 가치의 차액 영역'을 뜻합니다.

투자의 안전마진을 고안한 사람은 벤저민 그레이엄입니다. 그레이엄은 단기적인 주가는 일종의 인기투표와 같아서 꼭 정확한 가치를 반영한다고는 할 수 없다고 보았습니다. 반면 장기적인 주가는 점점 본래 가치와 비슷해진다고 보고 가치주에 자금을 투입하는 가치 투자를 실천했습니다.

버핏은 항상 안전마진을 의식하면서 투자합니다. 위에서 말했듯이 주가란 늘 적정한 가격이라고는 할 수 없습니다. 때로는 기업이 가진 가치보다 과대평가되고, 때로는 기업 가치가 높은데도 다양한 요인 탓에 놀라우리만치 주가가 내려갑니다. 결과적으로 주가가 침체하여 기업의 가치와 크게 괴리되었을 때가 버핏에게는 최대의 투자 기회이고, 그 단계에서 투자하면 투자 위험을 억제할 수 있습니다.

버핏은 안전마진이 좋은 사례로 워싱턴 포스트를 꼽습니다.

1973년 당시 워싱턴 포스트의 가격(시가총액)은 8,000만 달러였으나 가치(순자산)는 4억 달러를 초과했습니다. 버핏에게 '가격이란 무언가를 살 때 내는 것이고, 가치란 무언가를 살 때 얻는 것'입니다.

기업의 가치를 산출하는 방법에는 코스트 어프로치(기업이 가진 자산에 근거한 산출법)와 인컴 어프로치(기업의 자금 흐름에 근거한 산출법)가 있습니다. 어느 쪽이건 자신이 투자하려는 기업의 가치를 대략적으로나마 파악하여 안전마진을 가늠하는 포인트가 됩니다.

버핏이 '깜냥'을 중시하는 까닭은 기업 가치를 제대로 산출할 수 있는 분야에 투자해야 한다고 여기기 때문입니다.

버핏은 1973년의 워싱턴 포스트를 통째로 사지는 않았지만 8,000만 달러를 내면 4억 달러의 가치가 손에 들어오는 것이라 이만큼 위험이 낮은 투자는 없었습니다.

결론적으로 이때 버핏이 투자한 1,060만 달러는 10년 남짓 지난 1984년에 1억 4,000만 달러의 가치에 도달했습니다.* 이에 버핏은 워싱턴 포스트의 사장 캐서린 그레이엄에게 감사의 편지를 보냈습니다.

참고로 같은 금액을 다른 신문사에 투자했다면 다우 존스는 5,000만 달러, 뉴욕 타임스는 6,000만 달러, 타임스 미러는 4,000만 달러가 되었을 터입니다. 투자 금액이 같아도 각 기업의 가치에 따라 10여 년 만에 이토록 큰 차이가 생깁니다.

버핏은 말했습니다.

"가치가 8,300만 달러인 사업을 8,000만 달러에 사려고는 하지 않습니다. 큰 차액이 관건입니다. 건설업자가 3만 파운드의 부하를 견딘다고 주장하는 다리가 건설되어도 그 다리를 주행할 트럭은 기껏해야 1만 파운드입니다. 그와 같은 원칙이 투자에도 적용됩니다."**

투자의 세계에서는 많은 사람이 주가, 즉 가격의 변동에 신경을 쓰니

---

* 《워런 버핏의 말: 세계 최고 투자자의 재치와 지혜》

** 《현명한 투자자》

다. 개별 기업이 가진 가치를 정확하게 파악하려는 사람은 별로 없습니다. 버핏은 "가치 투자는 여태까지 한 번도 유행한 적이 없다"라고 말합니다. 그는 가격이 아닌 가치에 주목함으로써 막대한 부를 손에 넣었습니다.

제2화

뛰어난 경영자와 우수한 사업, 한쪽을 골라야 한다면 사업을 택한다

투자의 위험성을 억제하려면 가격과 가치의 차이를 냉정하게 확인해 충분한 안전마진을 확보하라고 버핏은 말합니다. 그럼 기업의 가격이 가치보다 낮기만 하면 그만일까요? 물론 그렇지는 않습니다.

거듭 말하지만 '세계 제일의 투자자'라고 불리는 버핏도 백전백승은 아니었습니다. 특히 버크셔 해서웨이의 경영권 취득은 버핏의 실패사 중에서도 상위에 속하는 실패라고 할 만합니다.

1960년대 초반, 아직 그레이엄의 '담배꽁초 매수'와 '바겐세일 주식 매수' 방식에 강하게 사로잡혀 있던 버핏은 섬유회사 버크셔 해서웨이를 보고 '싸다, 진심으로 갖고 싶다'라고 생각했습니다. 이익이 나지 않아 도산할 듯 보이기는 하나 기업의 가치보다 가격이 훨씬 쌌기 때문입니다.

1965년, 버핏은 '한 모금 피울 만큼'만 남은 것 같다는 믿음으로 버크서 해서웨이의 경영권을 취득했습니다. 실제로 한 대 피울 만큼은 남아 있어서 버핏은 어떻게든 사업을 재건하려 노력했지만 1985년에 이르러 결국 섬유 부문을 폐쇄했습니다. 공장 노동자 400명을 해고하고, 기계설비 전부를 16만 달러 남짓에 매각했습니다. 버핏은 이때를 돌아보며 "버크셔 해서웨이의 이름을 듣지 못했다면 지금쯤 나는 더 부유했을 것"이라고 말하기도 했습니다.

그 이전에 버핏은 버크셔 해서웨이 매수에 대하여 "가격은 투자 결단을 좌우하는 중요한 요소입니다. 버크셔 해서웨이는 적절한 가격으로 샀습니다"라는 강경한 자세를 견지했지만, 딱 한 개비 남은 '축축한 담배꽁초'에 많은 자금을 돌리게 되어 큰 타격을 입었을 것입니다.

약 20년에 걸친 괴로운 경험을 통해 버핏은 경영 상태는 부실해도 주가가 자산보다 극단적으로 싼 기업에 투자하는 '담배꽁초 매수'에서, 주가는 자산의 몇 배지만 캘리포니아에서는 적수가 없는 씨즈캔디처럼 '브랜드력이 강한 기업을 매수'하는 방식으로 돌아섰습니다. 후자의 이점을 뼈저리게 깨달은 것입니다.

"그저 그런 기업을 훌륭한 가격으로 사는 것보다 훌륭한 기업을 그저 그런 가격으로 사는 편이 월등히 낫습니다."*

---

* 《워런 버핏의 편지》

역경에 처한 사업을 재건하는 일은 어렵습니다. 그 어려운 일에 도전하기보다 '그저 그런 가격으로 살 수 있고, 뛰어난 경영자가 있는 우수한 사업'에 투자하자는 뜻입니다.

여기서 핵심은 '우수한 사업'입니다. 사업에 우위성이 없으면 설령 탁월한 경영자를 보유했을지라도 성공하기가 호락호락하지 않습니다. 뛰어난 경영자와 우수한 사업을 겸비했다면 더없이 좋겠으나 어느 한쪽만 골라야 한다면 버핏은 사업을 선택합니다.

버핏이 이상적이라고 평가하는 기업 중 한 곳은 코카콜라입니다. 《워런 버핏의 말: 세계 최고 투자자의 재치와 지혜》에 보면 버핏은 이렇게 말했습니다.

"앞으로 당신은 한 번만 거래한 뒤 10년간 투자계를 떠나야 합니다. (중략) 10년 동안은 투자 대상을 변경할 수 없어요. 자, 그러면 어디에 투자해야 할까요? (중략) 나로서는 코카콜라밖에 떠오르지 않습니다."

코카콜라는 국제시장에서 꾸준히 성장하는 기업이고, 리더의 지위를 유지하는 힘도 가졌으며, 차후 소비량 증가가 기대됩니다. 이런 코카콜라의 위치를 흔들기란 불가능하다고 생각하기에 버핏은 코카콜라에 적극적인 투자를 해 왔습니다.

버핏은 일찍이 "코카콜라는 햄샌드위치도 경영할 수 있다(코카콜라는 햄샌드위치를 CEO 자리에 앉혀도 돈을 벌 수 있다는 의미)"라고 말했는데, 이는 코카콜라가 버핏에게 그야말로 '호감 기업'임을 의미합니다. 왜냐하면 기업이란 언제까지나 완벽하다고는 단정할 수 없으니까요.

사실 코카콜라에도 어리석은 경영자가 나타난 적이 있습니다. "주식을 산다면 어떤 어리석은 자에게도 경영을 맡길 수 있는 훌륭한 회사의 주식을 사고 싶겠지요. 언젠가는 어리석은 경영자가 나타날 테니 말입니다"라고 이야기했던 것처럼 말입니다.

급사한 로베르토 고이주에타의 뒤를 이어 CEO가 된 더글러스 아이베스터는 유럽에서 아동의 건강 피해가 보고되었으나 적절히 대응하지 못했습니다. 아이베이스터의 뒤를 이은 더글러스 대프트도 문제가 있었고, 그를 대신하여 네빌 이스델이 취임하고서야 코카콜라는 가까스로 부활했습니다.

버핏은 "코카콜라는 햄샌드위치도 경영할 수 있다"고 할 정도로 철저하게 '우수한 사업'을 추구합니다.

제3화

빚을 내도 괜찮은 금액은 순자산의 25%까지다

주식 투자에는 으레 신용거래가 따라붙습니다. 신용거래란 현금 혹은 주식을 증권회사에 담보로 맡기고, 증권회사에서 돈을 빌려 주식을 사거나 주식을 빌려 그것을 파는 거래입니다. 왜 이러한 제도가 존재할까요? 현물거래만 가능한 경우에는 어느 종목을 사고 싶을 때 현금이 없으면 살 수 없고, 주식이 없으면 팔 수 없으므로 주식시장에 참가할 수 있는 사람이 제한됩니다. 한편 신용거래 제도가 있는 경우에는 돈이든 주식이든 담보를 잡아 거래하면 되므로 자금이 적은 사람도 주식시장 참가가 가능해집니다.

현실은 어떨까요? "현금이 없어도 상관없다, 틀림없이 남는 장사다"라는 군침 도는 제안을 듣고 빚을 내거나 신용거래를 이용해 주식 투자에 뛰어드는 사람이 있는가 하면, "신용거래는 금물이다, 잉여자금으로 현물을 사라"며 빚과 신용거래의 무서움을 설명하는 성공한 투자자도 적지 않습니다.

버핏은 빚지기를 극단적으로 싫어하고, 지나치게 빚을 져서 사업이며 투자를 하면 언젠가는 고꾸라진다고 생각합니다.

버핏이 처음으로 빚을 낸 것은 21세를 앞둔 무렵이었습니다. 당시 버핏은 이미 2만 달러 가까이 빚을 지고 있었으나 투자하려면 자금이 조금 부족하다고 느꼈습니다. 그래서 돈을 빌리기는 끔찍이 싫었지만 오마하 국립은행에서 5,000달러를 빌렸습니다.

그때 은행 담당자는 버핏에게 "이것으로 당신도 한 사람의 남자가 되었다"면서 5,000달러는 "엄연한 채무이고, 우리는 당신이 제대로 상환할 인물이라는 점을 신뢰한다"라고 30분에 걸쳐 이야기했다고 합니다.

금액은 왜 5,000달러였을까요? "순자산의 4분의 1까지는 괜찮다"가 버핏의 규칙이었기 때문입니다. 버핏은 이 규칙을 자기 집안사람에게도 엄격하게 지킵니다.

조카인 빌리 로저스가 집을 살 계약금을 융통해 달라고 버핏에게 부탁했을 때, 버핏은 빚이란 "현명한 인간이 발을 헛디디는 원인 중 하나"라며 거절했습니다. 거절의 이유는 이렇습니다.

"1만 파운드짜리 트럭이 몇 번이고 다리를 건넌다면 다리는 1만 파운드가 아니라 1만 5,000파운드를 견디는 강도로 건설되어야 한다."

게다가 자신의 경험을 바탕으로 "모아둔 현금이 없는데 큰 재무적 의

무를 지는 행동은 심각한 잘못이다. 나는 보유 자금의 25%가 넘는 돈을 빌려 쓴 적이 없다. 수중에 1만 달러밖에 없으면서 100만 달러가 있으면 좋겠다 싶은 아이디어가 떠올랐을 때도 그랬다"*라는 말도 덧붙였습니다.

이처럼 버핏은 투자에서도 빚을 부정적으로 봅니다.《워런 버핏의 말: 세계 최고 투자자의 재치와 지혜》을 보면 동료인 찰리 멍거가 이렇게 증언했다는 것을 알 수 있습니다.

"신용거래로 주식을 사다니, 워런도 나도 무서워서 못 합니다. 반대매매(매매 계약한 상품을 다시 사거나 파는 일)를 해서 결제하기 전에 무슨 일이 일어나면 괴멸적인 손실을 볼 가능성이 조금일지언정 존재하지 않습니까. 빚을 낸다면 상환 기한을 정하지 않는 것이 이상적입니다."

투자 상품으로서의 정크본드와 과도한 빚을 져서 경영하는 기업에 대해서도 버핏은 "핸들에 단검이 달린 자동차를 운전하는 짓"이라고 가차없이 말합니다. 경영자는 세심한 주의를 기울여서 운전하겠지만 무릇 도로에는 구덩이며 돌멩이가 있기 마련입니다. 만약 거기에 빠지거나 부딪힌다면 어떻게 될까요?

"비즈니스라는 도로는 구덩이 투성이입니다. 그걸 모조리 피하겠다는

---

* 《스노볼》

계획의 앞길에는 재난만이 기다리고 있을 뿐입니다."*

　　과잉된 채무는 파탄의 위기를 불러옵니다. 버핏의 눈에는 미국이라는 국가조차 위태롭게 비쳤습니다. 1980년대 후반, 버핏은 무역 적자가 줄어들지 않는 미국을 '드넓은 농장을 야금야금 팔면서 현재 수입 이상의 생활을 즐기는 유복한 지주**'에 빗댔습니다.

　　팔 땅이 없어지면 지주도 소작농이 될 수밖에 없습니다. 지나친 빚으로 불러들인 풍요는 영원히 지속되지 않으며, 그 앞에는 뜻하지 않은 비극과 재난이 기다리고 있다고 버핏은 생각합니다.

　　그때와 지금은 금리에 큰 차이가 있고, 과거만큼 국가의 적자를 위험시하는 풍조는 사라졌습니다. 하지만 금리 상승에 따라 문제가 발생하는 구조 자체는 여전합니다. 국가건 기업이건 개인이건 과한 빚은 구덩이에 빠지는 큰 원인이 됩니다.

---

* 　《워런 버핏의 편지》

** 　《워런 버핏의 말: 세계 최고 투자자의 재치와 지혜》

제4화

실패를
발전적으로 받아들여라

"투자 위험은 자기가 무엇을 하고 있는지 모를 때 발생합니다."

이것이 버핏의 기본적인 사고방식입니다. 요컨대 투자 위험은 자기가 하려는 일을 잘 알면 억제할 수 있지만 모르면 커집니다.

버핏이 몰라서 겪은 위험 중 하나는 소니 창업자인 모리타 아키오 부부가 주최한 만찬회에 출석한 일입니다. 약간 웃음이 나는 일화랍니다.

버핏의 오랜 친구인 캐서린 그레이엄(워싱턴 포스트 사장)은 모리타와 친해서, 모리타가 메트로폴리탄 미술관이 내려다보이는 5번가의 맨션에서 주최하는 소규모 만찬회에 버핏을 초대했습니다.

그때까지 버핏은 일본 요리를 먹어본 적이 없었습니다. 원래가 코카콜라와 햄샌드위치만 있으면 그만인 사람일뿐더러 과거에 참석한 자리에서도 롤빵 말고는 아무것도 먹지 못한 경험이 있을 정도로 호불호가 극명한 버핏에게 일식은 미지의 분야였습니다.

모리타의 만찬회는 출장 요리사 네 명이 요리하는 모습을 유리 칸막이 너머로 볼 수 있도록 준비되어 있었습니다. 차례차례 요리가 나올 때마다 버핏은 변명을 입에 올리며 자기 접시를 그대로 물렸습니다. 옆에 앉은 모리타 부인은 다소 곤란해 보였으나 예의 바른 미소를 띨 뿐 버핏을 비난하지는 않았어요. 결국 버핏은 그날 나온 15가지 요리를 단 한 입도 먹지 못했습니다. 창피해서 얼굴에 불이 날 것 같았지만 무리해서 먹을 수도 없었기에 자리를 뜬 뒤에야 "최악이었다"라는 감상을 남겼다고 합니다.

"전에도 비슷한 일이 있었지만 그렇게까지 심하지는 않았다. 앞으로 다시는 일식을 먹지 않겠다."*

버핏에게는 자기가 모르는 일본 요리에 손대는 일 자체가 위험이고, 모리타의 만찬회는 결코 동석해서는 안 되는 자리였던 셈입니다.

버핏은 무슨 일이든 자기가 이해하고 있는지를 중시합니다. 뉴욕에서 식사할 때도 "저번에 갔던 레스토랑으로 갑시다"라고 말합니다. 식사 상대가 "요전에 다녀왔잖아요"라고 대꾸해도 개의치 않습니다. 사람들은 대부분 새로운 곳에 가고 싶어 하지만 버핏은 아닙니다. 새로운 식당에 가서 위험을 겪기보다는 어떤 음식이 나올지 아는 곳에 방문하기를 선호합니다.

———
* 《스노볼》

버핏의 투자방식도 음식을 대하는 태도와 판박이입니다. 누차 설명했듯이 버핏은 깜냥을 지키면서 자기가 훤히 아는, 완벽하게 이해할 수 있는 기업에 투자하기를 고집합니다. 그것은 물론 위험을 억제하여 투자를 성공으로 이끌기 위해서입니다. 또한 완벽하게 이해하고 있으면 실패하더라도 후회가 없기 때문입니다.

버핏의 실패에는 앞에서도 썼다시피 사서 겪은 실패가 있고, 살 수 있었는데 사지 않은 실패가 있습니다. 버핏은 후자의 사례로 패니메이(주택 담보 대출을 주력으로 하는 미국의 금융회사) 주식을 사지 않은 것과 월마트에 투자하지 않은 것을 꼽습니다. 다만 버핏은 투자에서 이같은 판단 실수를 아예 없애기란 불가능하다고 생각합니다.

"사람은 당연히 실패하는 법이니 언제까지고 끙끙 앓지는 않습니다. 그래 봤자 아무런 의미가 없으니까요. 내일은 내일의 해가 뜹니다. 발전적으로 살면서 다음 일을 시작하는 편이 낫습니다."*

버핏이 지금까지 발전적으로 생활하는 데는 이유가 있습니다. 버핏은 시장의 동향이나 남의 의견에 휘둘리지 않습니다. 어디까지나 직접 조사하고, 생각하고, 이해한 다음에야 판단을 내립니다.

"나는 실패했을 때도 그 경위를 설명할 수 있기를 바랍니다. 이 말은

---

* 《버핏&게이츠 후배와 이야기하다》

내가 완전하게 이해한 일 외에는 하고 싶지 않다는 뜻입니다."*

이해도 수긍도 가지 않는 일은 실패를 초래하고, 후회로 이어지기 쉽습니다. 버핏은 충분히 이해하고 수긍한 뒤에 판단을 내리므로 실패하더라도 발전적인 자세를 보일 수 있는 것입니다.

"우리는 모두 실패한다"라고 버핏은 말했습니다. 그렇기에 사람은 자기가 하는 일을 이해하고 받아들일 필요가 있습니다. 그러면 실패를 억울해할 일은 없습니다. 자신이 무엇을 하고 있는지 모르는 상태로 투자나 일에 실패하면 후회만 남습니다.

* 《워런 버핏의 말: 세계 최고 투자자의 재치와 지혜》

워런 버핏의 8가지 투자 철학

제5화

분산투자는
최선의 위험 회피책이 아니다

버핏은 벤저민 그레이엄의 가르침을 받은 그레이엄 이론의 정당한 계승자라고 해도 무방하지만, 그레이엄의 이론만 성실히 실천했다면 오늘날과 같은 성공은 얻지 못했으리라고 봅니다. 버핏에 따르면 그레이엄의 회사에 입사했을 때 버핏이 가진 돈은 1만 달러였습니다.

"나에게는 1만 달러가 있었습니다. 만약 그레이엄의 조언에 따랐다면 지금도 분명 1만 달러밖에 없을 겁니다."

버핏의 돈이 1만 달러에 머무르지 않게 된 이유는 두 가지입니다.

첫째, 그레이엄은 결산서 숫자에만 주목했으나 버핏은 브랜드력과 경영진이라는 장부에 기재되지 않는 요소를 주목하여 '자산은 없어도 장기적으로 성장이 예측되는 기업'에 투자했습니다.

둘째, 그레이엄은 극단적이라고 할 만큼 분산투자를 추구했으나 버핏은 훌륭한 기업에는 거액의 투자를 마다하지 않았습니다.

"찰리도 나도 자신은 있습니다. 사비만 운용할 때는 한 가지 종목에 순자산의 75%를 쏟아부은 적이 몇 번이나 있지요."*

"분산투자로 위험을 줄인다."

이것은 그레이엄뿐만 아니라 금융계에서도 곧잘 선전하는 캐치프레이즈입니다. 예금 금리를 도통 기대할 수 없는 지금과 달리 예금 금리가 그럭저럭 괜찮았던 시대에는 자산의 3분의 1은 예금에, 3분의 1은 국채 같은 채권에, 나머지 3분의 1은 주식에 분산하여 넣는 투자법도 선전되었습니다.

자산을 어떤 한 가지 방식으로 운용하지 않고, 투자 위험이 없는 것과 있는 것으로 분산하는 방식은 자산 운용 전반에 걸쳐 적용되는 철칙 중 하나입니다.

더군다나 주식 투자는 그 위험성 때문에 투자처를 분산하는 편이 위험을 억제할 수 있다는 사고방식이 지배적입니다. 상식이라고 할까요?

그러나 버핏도 찰리 멍거도 그런 상식에 구애받지 않습니다. 멍거는 "분산투자는 아무것도 모르는 투자자가 하는 것"이라고 잘라 말했고, 버

---

* 《워런 버핏의 주주총회》

핏은 "우리는 좋아하는 음식을 많이 먹는 부류"라고 단언했습니다.

버핏은 위험을 억제하는 세 가지 원칙(①깜냥을 벗어나지 않고 이해할 수 있는 기업에 투자한다, ②과도한 빚을 내지 않는다, ③안전마진을 확보한다)에는 충실하지만 분산투자에는 별다른 신경을 쓰지 않습니다. 투자 위험을 0으로 만들 수 있다고도 생각하지 않고요.

《스노볼》을 보면 2004년, 버핏이 한국 기업에 투자하러 갔을 때 이렇게 말했다는 것을 알 수 있습니다.

"투자할 때는 일정한 위험을 부담해야 한다. 미래는 언제나 불확실하다."

그때나 지금이나 한국에는 북한이라는 위험 요소가 있습니다. 그리 현실적이지 않은 가정이 되었다고는 해도 만약 북한이 한국을 침공하면 한반도를 비롯하여 중국과 일본까지 전쟁에 휘말릴 우려가 있습니다. 그러한 위험을 무릅쓰고 버핏이 투자한 기업은 철강, 시멘트, 밀가루, 전기 등 10년 뒤에도 팔릴 제품을 만드는 곳뿐이었습니다. 한국 내에서도 지분이 높은 데다가 중국과 일본에 수출까지 하는, 아마 향후 몇 년은 거뜬히 경쟁력을 유지할 기업에 버핏은 투자했습니다.

미래는 불확실하고 예측 불가능합니다. 그렇지만 어떤 상황이 와도 확실하게 거래될 기업에 투자한다면 위험은 대폭 줄어듭니다.

위험이 존재하는 와중에도 계속 성장하는 기업이라면 이스라엘에 본 거지를 둔 절삭기계 제조회사 이스카 메탈워킹을 빼놓을 수 없습니다. 이스카 메탈워킹의 회장 에이탄 베르트하이머에게 편지를 받은 버핏은 2006년, 이스카 메탈워킹을 40억 달러로 매수했습니다.

이스카 메탈워킹의 주력 공장은 이스라엘 갈릴리에 있습니다. 보통은 그 사실만으로 꺼려질 법한데, 《디어 미스터 버핏》을 보면 버핏은 태연하게 이렇게 말했다는 것을 알 수 있습니다.

"위험은 세계 어디에나 넘쳐흐르고 있습니다. 미국도 평상시의 이스라엘과 똑같은 수준으로 위험합니다."

위험이 존재한다고는 하나 이스카 메탈워킹은 세계가 필요로 하는 제품을 제조합니다. 게다가 세계 60여 개국에서 업무를 진행하고, 경영진은 성실하며 유능합니다.

어떤 상황에서건 좋은 사업은 좋은 사업으로 존속합니다. 버핏은 투자 위험과 사업의 가능성을 측정하는 고성능 천칭을 가지고 있습니다. 그 천칭은 끊임없는 기업 연구와 투자 실천으로 얻은 선물입니다.

Buffett's Memo

- 샌드위치도 경영할 수 있는 기업을 찾아라.

- 국가건 기업이건 개인이건 큰 빚은 넘어지는 첫걸음임을 명심한다.

- 실패하고 후회하는 것은 자기가 모르는 분야에 손댔을 때다.

- 훌륭한 기업에는 거액의 투자를 마다하지 않는다.

철학5

버핏의 습관

한번 익힌
'규칙은 반드시'
지킨다

어떻게 좋은 습관을
익히는가?

성공하는 사람은 기본 원칙에 충실하다. 대성공
하는 사람은 기본 원칙을 자기 나름의 규칙으로
업데이트한다.

버핏의 특징 중 하나로 "한번 익힌 원칙과 습관은 철저하게 지킨다"가 있습니다.

직접 고안한 창의적인 규칙이 여럿 추가되었다고는 하나, 버핏이 지키는 투자 원칙의 근간에는 학생 시절에 읽고 감명받은 그레이엄의 투자 원칙이 있습니다.

버핏에게 원칙이란 시대와 함께 달라지거나 무용해지는 것이 아닙니다. 참된 원칙은 절대 시대에 뒤처지지 않는 까닭입니다.

버핏은 투자 원칙에 충실한 만큼 사생활에서도 자기가 정한 습관에 철저합니다.

1991년, 61세의 버핏이 살로몬 브라더스의 임시 회장으로 취임했을 때 가장 놀란 부분은 월가 주민의 호화로운 식생활이었습니다. 간부 사원용

식당 주방은 뉴욕의 어떤 레스토랑보다 넓었고, 총주방장 밑에 빵이며 소스를 담당하는 주방장이 따로 있어서 세상에 존재하는 음식이라면 무엇이든 주문 가능한 시스템이 마련되어 있었습니다.

그곳은 버핏에게는 불필요한 식당이었습니다. 어느 날, 버핏은 운전기사에게 차를 멈춰 달라고 부탁하고 근처 가게에 들어갔습니다. 이윽고 햄샌드위치와 코카콜라가 잔뜩 담긴 봉투를 들고 돌아온 버핏의 모습에 운전기사는 깜짝 놀랐지요. 두툼한 스테이크를 입에 넣고 우물우물 씹는 다른 중역들 옆에서 햄샌드위치를 먹고, 코카콜라를 마시는 것이 버핏의 습관이었습니다.

"나는 똑같은 음식을 반복해서 먹는 게 좋다. 햄샌드위치라면 아침 식사로 50일은 연속해서 먹을 수 있다."

버핏은 풍부한 독서와 투자 경험을 통해 다양한 원칙을 배우고, 습관을 익혔습니다. 그리고 한번 몸에 밴 원칙과 습관은 엄격하게 지키며 생활합니다.

워런 버핏의 8가지 투자 철학

제1화

설령 놀이일지라도
자신의 규칙을 어기지 않는다

버핏은 세계 제일의 투자자이자 세계 유수의 자산가이며, 모든 자산을 자력으로 쌓아 올렸습니다. 부모의 재산은 전혀 물려받지 않았고, 그러기를 원치도 않았지요. 다만 버핏은 부모님에게 재산 이상으로 소중한 유산을 물려받았다고 이야기합니다.

그것은 훌륭한 가치관이자 인간으로서 긍지 높은 삶의 태도였습니다.

사람은 습관의 동물입니다. 이른 시기에 몸에 밴 습관은 기나긴 인생에서 그렇게 쉬이 바뀌지 않습니다. 버핏도 딱 잘라 말했습니다.

"사람은 습관에 따라 행동하므로 올바른 생각과 행동거지를 일찌감치 습관화해야 한다."

–재닛 로우, 《그래, 맞아!: 무대 뒤의 억만장자 찰리 멍거》, 윌리(2000)[*]

버핏과 그의 동료인 찰리 멍거가 존경하는 인물로 벤저민 프랭클린이 있습니다. 프랭클린은 미국의 정치가, 외교관, 저술가, 물리학자, 기상학자로 인쇄업에서 성공한 뒤 정계에 진출하여 미국 독립에 지대한 공헌을 한 인물입니다. 연을 이용한 실험으로 번개의 정체가 전기라는 사실을 밝힌 공적으로도 유명하고요. 또한 프랭클린은 '강한 탐구심, 근면함, 합리주의, 사회활동 참여'라는 근대적인 인간상의 특징을 지닌 인물로서 버핏과 멍거뿐만 아니라 미국의 전 대통령인 도널드 트럼프 등 수많은 사람이 그를 존경하고, 그의 저서를 애독합니다.

'프랭클린의 13덕'은 프랭클린이 실천하여 널리 알려진 덕목입니다. 유사시에도 잘못을 저지르지 않도록, 타고난 성질과 습관을 극복하고 싶어 한 프랭클린은 세상의 덕을 13덕(절제, 침묵, 규율, 결단, 절약, 근면, 성실, 정의, 중용, 청결, 평정, 순결, 겸허)으로 정리하고 그것을 모두 익히려 노력했습니다. 일정 기간 어느 하나에 집중해서 그 덕을 습득하면 다음 덕으로 넘어가는 방식으로요. 이렇게 덕을 익혔기에 프랭클린은 개인적으로도 행복하고, 미국에도 큰 공헌을 할 수 있었으리라 생각합니다.

버핏은 프랭클린과 똑같은 방식을 취하지는 않았으나 어린 날 부모님

---

[*] 한국어로 번역 출간된 도서의 정보는 다음과 같다. 재닛 로우, 《찰리 멍거 자네가 옳아!》, 조성숙 역, 이콘(2009).

워런 버핏의 8가지 투자 철학

에게 배운 가치관과 책이며 경험을 통해 스스로 익힌 바(습관, 원칙)를 굳게 지킴으로써 크나큰 성공을 거두었습니다. 역시 프랭클린을 경애하는 찰리 멍거는 일찍부터 자기 아이들에게 다음과 같은 이야기를 꾸준히 들려주었다고 합니다.

"가능한 한 노력하렴. 결코 거짓말을 해선 안 된다. 하겠다고 말했다면 반드시 해내도록 해라. 변명은 쓰레기조차 못 된다. 약속에는 빨리 나가야 해. 지각은 금물이다. 늦었다면 변명하지 말고 그저 사과하거라. 변명 따위는 누구도 듣고 싶어 하지 않는단다. (중략) 전화는 곧장 회신하고, 아니라는 결론은 5초 이내에 내려라. 빨리 결단해서 상대를 기다리게 하지 마라."*

버핏도 이런 인간으로서의 규칙과 스스로 발견한 투자 원칙을 일찍부터 익히고, 습관이 될 때까지 지키고자 유의합니다.

어느 날, 버핏은 친구 몇몇과 골프를 치게 되었습니다. 그때 '사흘 동안 한 번이라도 홀인원을 기록하면 2만 달러'라는 내기 제안이 나왔습니다. 판돈은 겨우 10달러였어요. 그 자리에 있던 전원이 내기에 참여했으나 버핏만은 완강히 거부했습니다. "작은 일에서 규칙을 어기면 큰일에서도 어기게 된다"라는 이유에서였습니다.

친구끼리 하는 10달러짜리 내기 골프는 몹시 사소한 일입니다. 그것을

---

* 《그래, 맞아!: 무대 뒤의 억만장자 찰리 멍거》

고지식하게 거부하는 태도를 "유치하다"라고 말하는 사람도 있겠지만 버핏으로서는 작은 일이기에 더더욱 안일하게 규칙을 어기지 않고 꿋꿋이 지켜야 했습니다.

　사업상 비리도 처음에는 사소하게 시작되듯이 작은 일이라고 규칙을 어기면 한 번이 두 번, 세 번이 되고 곧 큰일에서도 어기게 되는 법입니다. 버핏은 습관의 저력과 무서움을 잘 알고 있었습니다.

　가치관 지키기는 기업이 영속하는 데도 대단히 중요한 요소입니다. 나란히 시가총액 2,000조 원을 넘은 애플과 마이크로소프트도 한때 빛을 잃은 적이 있는데, 부활에 없어서는 안 되었던 것이 잃어버린 가치관을 되찾는 일이었습니다.

　가치관이 흔들리면 기업은 쇠퇴합니다. 개인도 다르지 않습니다. 좋은 습관이 무너지면 사람은 지향하는 삶에서 빗나가게 됩니다. '이 정도쯤이야'라는 유혹에 저항하고, 가치관과 습관을 완고하게 지킨다면 사람도 기업도 계속 빛날 수 있습니다.

제2화

10대에 만난 스승의 가르침을
90세에도 지킨다

버핏은 좋은 습관을 익히는 일과 더불어 '돈을 불리는' 일에도 일찍부터 몰두했습니다. 젊었을 적에 "나는 서른 살까지 백만장자가 되겠다. 만약 그러지 못한다면 오마하의 가장 높은 빌딩에서 뛰어내리겠다"라고 말해 주위 사람을 놀라게 하기도 했습니다.

왜 그렇게 돈을 원하느냐고 물으면 버핏은 이렇게 대답했습니다.

"돈이 좋아서가 아닙니다. 돈을 벌고, 돈이 불어나는 모습을 보는 게 좋습니다."*

돈 불리기를 좋아했던 버핏은 어린 시절부터 이런저런 사업을 했습니

---

* 《버핏: 미국 자본가의 탄생》

다. 아이오와주 오코보지 호수에 있는 산장에서 가족과 휴가를 보냈던 여섯 살 때, 버핏은 콜라 6병을 25센트에 산 다음 호수로 가서 1병당 5센트에 팔아 5센트의 이익을 냈습니다. 휴가를 보내고 오마하로 돌아와서는 할아버지네 잡화점에서 사들인 탄산수를 한 집 한 집 돌아다니며 팔았고요.

생활이 곤궁해서는 아니었습니다. 대공황 직후에는 아버지 하워드가 직업을 잃고 새롭게 시작한 증권회사의 고객 유치로 고생했지만, 애쓴 보람이 있어서 버핏이 여섯 살일 무렵에는 가계가 상당히 호전되었거든요. 그러니까 여섯 살 버핏은 돈이 좋다기보다는 자신의 조그만 사업으로 돈을 벌어서 돈이 불어나는 모습을 보는 게 흐뭇한 어린이였습니다.

어려서부터 갖가지 작은 사업을 벌인 버핏은 고등학교를 졸업할 즈음에 이미 약 5,000달러의 자금을 모았고, 대학교에 입학할 즈음에는 그것을 몇 배로 불렸습니다. 이리해서 일찍이 모은 자금이 버핏의 '눈덩이'가 되었죠.

"나는 꽤 어릴 적부터 작은 눈 뭉치를 뭉쳐 굴렸다. 10년 늦게 뭉치기 시작했다면 지금쯤 산비탈의 저 아래쪽에 있었을 것이다."*

버핏은 성공하고 싶다면 되도록 일찍 시작하는 편이 낫다고 여깁니다. 그렇지만 소규모 사업을 차곡차곡 쌓아 올리기만 해서는 백만장자가 될

---

* 《스노볼》

워런 버핏의 8가지 투자 철학

수 없습니다. 버핏은 어릴 때부터 주식과 투자에 관련된 책을 도서관에서 닥치는 대로 빌려 읽고 또 읽었습니다. 그러다가 열아홉 살에 벤저민 그레이엄의 《현명한 투자자》를 읽었을 때는 "마치 신을 발견한 것 같았다"라고 할 정도로 감명을 받았습니다. 버핏의 인생이 바뀐 순간입니다.

버핏은 《현명한 투자자》의 저자인 벤저민 그레이엄과 데이비드 도드가 컬럼비아 대학 대학원에서 학생들을 가르친다는 사실을 알자마자 진학을 결심했습니다. 그래서 개강을 불과 1개월 앞둔 시점임에도 불구하고 열렬한 입학 의사를 담은 편지를 썼습니다.

"두 분이 올림포스산 같은 곳에서 우리에게 빛을 내려 주시는 줄 알았는데, (중략) 입학을 허락해 주신다면 기꺼이 가겠습니다."

원래 입학하고자 했던 하버드 경영대학원은 '면접관이던 하버드대 졸업생과 10분 대화를 나눈 것만으로 내 능력을 간파당해서 불합격'한 버핏이지만, 〈주주에게 보내는 편지(To the Shareholders of Berkshire Hathaway)〉로 알려졌다시피 버핏은 무언가를 전달하는 글에 능통합니다. 다행히 버핏의 편지는 그레이엄의 사원이자 대학의 입학 담당자였던 부원장 데이비드 도드의 눈에 들었고, 버핏은 마감 날짜를 넘기고도 면접조차 없이 입학을 허가받았습니다.

버핏에게 그레이엄은 그만큼 위대한 사람입니다. 그레이엄의 방식에 자기 나름의 투자법을 더하면서도 버핏은 그레이엄이 고안한 기본 원칙을 관철하여 눈부신 성과를 올렸습니다.

여든을 앞둔 시기에 버핏은 말했습니다.

"나는 일흔여섯 살이 된 지금도 열아홉 살에 배운 가르침을 실천하고 있습니다."*

어쩌면 아흔을 넘긴 현재에도 같은 심경이지 않을까요?

투자와는 다른 이야기지만 도요타 자동차도 '좋다고 생각한 것을 끝까지 하는' 태도를 중요시합니다. 도요타는 70년 전에 포드 자동차에서 기업 개혁의 원형을 만난 이래 본가인 포드가 그만둔 지금까지 이를 지속하고 있습니다.

버핏도 그렇습니다. 70년도 전에 만난 그레이엄의 투자 원칙에 감명받아 그것을 꾸준히 실천함으로써 목표였던 백만장자를 훌쩍 뛰어넘는 존재가 되었습니다.

---

* 《워런 버핏의 주주총회》

제3화

'아는 것'과 '하는 것'은
하늘과 땅 차이다

'아는 것'과 '하는 것' 사이에는 커다란 차이가 있습니다. 책이나 강연에서 어떤 이야기를 접했을 때 '아, 이건 알지!'라고 생각하는 일이 종종 있는데 그런 경우에는 '그럼 했어?'라고 자문해 봅시다. 아무리 많이 알아도 알기만 하고 하는 단계로 나아가지 않으면 결과는 나오지 않습니다.

버핏은 어린 시절부터 투자와 금융에 대한 관심이 지대했습니다. 오마하의 도서관에서 관심이 가는 책을 모조리 빌려서 읽을 정도였습니다. 그러던 어느 날, 도서관에서 집어 든 한 권의 책이 버핏을 사로잡았습니다. 《1000달러를 버는 1000가지 방법》*이라는, 책에서 소개하는 방법을

---

*　한국어로 번역 출간된 도서의 정보는 다음과 같다. F. C. 미네커, 《백만장자가 되는 1000가지 비밀》, 박인섭 역, 매일경제신문사(2012).

빠짐없이 실천하면 100만 달러를 벌 수 있다는 내용의 책이었지요.

버핏이 보기에는 다소 부족한 내용도 있었으나 책에 실린 유료 체중계 이야기가 버핏의 마음에 쏙 들었습니다. 먼저 체중계를 한 대 삽니다. 그 체중계로 몸무게를 재고 싶은 사람에게 요금을 받습니다. 요금을 모아서 체중계를 한 대 더 삽니다. 앞의 과정을 반복하는 사이에 체중계 숫자가 늘고, 수입이 불어납니다.

이것은 복리로 돈이 불어나는 것과 똑같다고 버핏은 생각했습니다.

지금은 꿈도 못 꿀 금리기는 하지만 1,000달러를 연이율 10%로 운용하고, 이자도 전부 원금에 넣는다고 가정해 봅시다. 그러면 어떻게 될까요?

5년이면 1,600달러로. 10년이면 2,600달러로. 25년이면 1만 800달러라는 거금으로 불어납니다.

버핏은 이 책에서 복리의 중요성을 재확인함과 동시에 책에 쓰인 "스스로 시작하지 않는 한 성과는 있을 수 없다"라는 말에도 수긍했습니다. 책에서 아무리 멋진 아이디어를 배운다 한들 스스로 행동하지 않으면 그림의 떡으로 끝납니다.

"지금 당장 시작하자."

이것이 《1000달러를 버는 1000가지 방법》을 읽은 버핏의 각오였습니다.

워런 버핏의 8가지 투자 철학

투자의 세계에 몸담은 사람이면서 벤저민 그레이엄의 이름을 모르는 사람은 드뭅니다. 그레이엄이 저술한 《현명한 투자자》는 투자의 바이블로서 여전히 널리 읽히는 책입니다. 그런데도 그레이엄의 이론을 충실히 실행하는 사람은 별로 없습니다.

그레이엄의 이론은 그리 어렵지 않습니다. 포인트(주식이 아닌 사업을 산다, 가격과 내재가치의 차이에 주목하여 안전마진을 확보한다)만 제대로 파악한 다음 눈앞의 주가 변동에 휘둘리는 일 없이 장기간 보유하면 누구나 나름대로 자산을 모을 수 있고, 적어도 가난해지지는 않는다고 버핏은 생각합니다.

실제로 그레이엄의 이론을 실천해서 성공한 사람은 적지 않습니다. 찰리 멍거도 그레이엄 이론의 실천자입니다.

버핏은 이들을 '그레이엄-도드 마을'의 주민이라 부르는 한편, 그레이엄의 이론을 자료화해서 보여주면 사람들이 이해하지만 이 이론이 과거에 유행한 적은 없다고 말합니다.

"벤저민 그레이엄을 아는 사람은 많건만 그의 이론을 실행으로 옮기는 사람은 적습니다. 어째서일까요?"*

그레이엄의 방식이든 버핏의 방식이든 이미 상세하게 알려졌고, 행동으로 옮기기도 까다롭지 않은데 왜 그럴까요? 이유는 두 가지입니다.

―――
*　《워런 버핏의 말: 세계 최고 투자자의 재치와 지혜》

첫째는 그레이엄과 버핏의 방식을 알고 있는 것과 실행하는 것을 구분하지 못하기 때문입니다. 버핏은 투자자로서 성공하는 데 필요한 요소로 독서와 실행을 꼽습니다. 아는 것과 실행하는 것은 다릅니다.

"소액이어도 상관없으니 투자하십시오. 책을 읽기만 하고 끝내서는 안 됩니다."*

둘째는 인간에게는 간단한 일을 까다롭게 하기 좋아하는 비뚤어진 성질이 있기 때문입니다. 이것은 버핏의 분석인데, 둘째 이유는 버핏에게 나쁜 일은 아닙니다. 유행하는 이론을 추종하여 실수하는 사람이 늘어나면 늘어날수록 현명한 투자자의 기회는 늘어나니까요.

"배가 둥근 지구를 항해해도 '지구는 평평하다고 믿는 집단'은 번성하기 마련입니다."**

모두가 유행하는 이론을 좇으면 좇을수록 그레이엄-도도 마을은 번영하게 됩니다.

---

*   《워런 버핏의 주주총회》
**   《현명한 투자자》

제4화

기존의 규칙에
독창성을 더해 완성한다

지금은 그레이엄의 후계자를 지나 그레이엄을 뛰어넘은 버핏도 과거 자신에게 '원 스트라이크'라는 평생 못 잊을 말을 건넸던 루이스 그린의 야유를 받은 적이 있습니다. 그레이엄-뉴먼의 마지막 주주총회에서였습니다.

그린은 "왜 그레이엄과 뉴먼은 인재를 키우지 않았는가?"라고 그레이엄의 큰 잘못을 힐책한 뒤 말했습니다.

"뒤를 맡길 생각이라면 적임자는 워런 버핏이라는 풋내기뿐이다. 그 녀석이 제일이라면 답이 없다. 버핏과 동승하고 싶은 위인이 어디 있겠나."

심한 말이지만 그린 입장에서 보면 버핏은 불과 몇 년 전에 '원 스트라이크'를 고한 상대이니 풋내기에 불과했을 것입니다.

그러나 주위 평가와 달리 그레이엄은 버핏을 높이 평가했습니다. 1956년, 은퇴와 캘리포니아 이주를 고려 중이던 그레이엄은 그레이엄-뉴먼을 해산할 생각이 아니었습니다. 파트너였던 제리 뉴먼의 아들이자 회사에 남을 미키를 지원하는 형태로 무한책임사원(general partner)이 되어 달라는 제안을 버핏에게 건넸지요.

수락하면 '그레이엄-뉴먼'이 '뉴먼-버핏'으로 바뀌는 제안이었으나 그레이엄 없는 회사에서 일할 마음이 없던 버핏은 그 제안을 영광으로 받아들이면서도 거절했습니다.

결과적으로 그레이엄-뉴먼은 해산했지만 버핏을 인정한 그레이엄은 그레이엄-뉴먼에 출자했던 호머 닷지(노리치 대학 총장을 역임)에게 해산 후 자금 운용을 맡길 곳으로 버핏의 회사를 추천합니다. "우리 회사에서 일한 사람인데 기대되는 인재가 있다"라면서요.

주위 평판이 어떻건 버핏은 26세라는 젊은 나이로 사실상 그레이엄의 후계자가 된 것입니다. 그런 버핏과 그레이엄의 관계를 멋들어지게 표현한 사람이 벤처캐피털 세쿼이아 펀드의 창립자 윌리엄 루안입니다.

"우리에게 그레이엄의 저서는 바이블(성서)이다. 그리고 워런은 자신의 자산 운용을 통해 바이블을 개정했다. 말하자면 신약성서를 쓴 셈이다."*

---

* 《워런 버핏의 말: 세계 최고 투자자의 재치와 지혜》

워런 버핏의 8가지 투자 철학

루안의 말대로 버핏은 그레이엄의 계승자이지만 그레이엄에게는 없었던 투자방식을 도입하여 괄목할 만한 실적을 남겼습니다.

1963년, 버핏은 공장과 토지처럼 눈에 보이는 자산이 없는 아멕스(아메리칸 익스프레스)를 주목했습니다. 미국에서 신용카드가 필수품이 되기 시작한 무렵이었습니다. 아멕스의 자회사에서 창고를 관리하던 식물유정제회사 어라이드가 불상사로 도산하자 아멕스의 주가가 급락했습니다. 60포인트였던 숫자가 1964년에는 35포인트까지 떨어졌고, 투자자들은 아멕스 주식을 서둘러 팔았으며, 급기야 "과연 아멕스가 살아남을까?"라는 소문마저 들리기 시작했습니다.

아멕스의 업적은 줄곧 견고했고, 여행자 수표는 전 세계에서 5억 달러나 유통하고 있었습니다. 신용카드도 호조였으나 불상사가 일어났을 당시 투자자들은 그 부분에 눈길조차 주지 않았습니다. 하지만 버핏은 달랐습니다.

버핏은 시간을 들여서 오마하의 레스토랑이며 가게를 확인하여 아멕스의 신용이 스캔들로 인해 떨어지지 않았음을 확신했습니다. 아멕스가 도산할 리 없고, 앞으로도 강한 브랜드력으로 성장할 것이라는 확신이 선 버핏은 아멕스 주식에 적극적인 투자를 감행했습니다. '자산이 전부'라고 보는 그레이엄식 투자와는 동떨어진 방식이었지만 버핏에게는 절대적인 자산이 있었습니다.

"나는 탁월한 사업이나 경영진에게 비싼 값을 책정해도 좋다고 생각하게 되었습니다. 벤저민은 결산서에 적힌 숫자만 봤지만, 나는 장부에 기재되지 않은 자산과 눈에 보이지 않는 자산을 주목합니다."

자회사의 불상사를 극복한 아멕스의 주가는 49포인트를 넘겨 버핏의 회사에 막대한 공헌을 했고, 현재도 버크셔 해서웨이의 중요한 투자처로 존속하고 있습니다.

비즈니스의 세계에서 단순한 모방자가 진짜를 뛰어넘기란 불가능합니다. 버핏은 그레이엄의 투자 원칙을 배우고, 지켜야 할 원칙은 지키면서 자기 나름의 독창성을 도입해 '버핏-그레이엄의 투자 원칙'을 만들어냈습니다.

워런 버핏의 8가지 투자 철학

제5화

습관과 원칙만큼
도리와 성실함을 중시한다

버핏은 인생을 살면서 철저하게 지켜온 습관과 원칙만큼 도리와 성실함을 중요하게 여깁니다.

기업 경영이란 본디 사느냐 죽느냐의 싸움이기에 도리와 성실함은 무심코 뒷전으로 밀리기 십상이지만, 버핏은 이것들이 없으면 무의미할뿐더러 위험해진다고까지 생각합니다.

1976년, 버핏의 첫사랑 격인 보험회사 가이코가 파탄 위기에 빠졌습니다. 1억 9,000만 달러의 적자를 내서 배당이 정지되고, 61달러였던 주가는 순식간에 2달러로 폭락했습니다. 오랜 주주가 혼란 상태에 빠져 주식을 서둘러 팔아 버린 결과였습니다. 전년도에 버핏이 느낀 이변은 옳았던 것입니다.

위기에 처한 기업을 구하려면 걸출한 리더가 꼭 필요합니다. 당시 버핏은 가이코의 주식을 보유하고 있지 않았으나 새롭게 CEO가 된 존 번을 만나고는 400만 달러 상당의 거래를 진행했습니다. 존 번이 지닌 리더로서의 자질을 높이 평가해서 '오늘 혹은 내일이라도 가치가 사라질지 모르는 주식'을 50만 주 주문하고, 추가로 수백만 주를 더 사들였지요. 그 무렵 버핏은 투자자로서의 입지가 확립되어 '버핏이 가이코에 투자'했다는 사실이 다른 투자자에게는 어떤 종류의 '안전마진' 기능을 하게 된 상황이었습니다.

더군다나 버핏은 "언제든지 모든 주식을 (중략) 인수할 용의가 있다"라며 살로몬 브라더스의 존 굿프렌드를 설득하여 살로몬에게 가이코가 발행하는 7,600만 달러의 전환주 판매를 맡겼습니다.

왜 버핏이 그토록 열심이었는가 하면 번을 '냉철하고 흔들림 없는 프로페셔널'이라고 평가했기 때문입니다. 번은 버핏의 협력을 얻으며 개혁을 추진해 나갔습니다. 문제를 일으킨 경영진을 추방하고, 수익으로 이어지지 않는 3만 명의 보험 계약을 해지하고, 사원을 2,000명이나 해고했습니다. "공립 도서관을 운영하는 게 아니다. 회사를 구하려는 것이다"라는 자세로 자회사를 정리하고, 여러 주(州)에서 철수하는 등 엄격한 구조조정을 단행하면서도 "내가 묘지에서 휘파람을 불지 않는다면 누가 불겠는가"라며 솔선해서 회사를 밝고 즐거운 장소로 바꾸려 노력했습니다.

《스노볼》을 보면 버핏이 번을 어떻게 평가했는지 알 수 있습니다.

"전국을 다 뒤져도 그보다 우수한 지휘관은 찾지 못할 것이다. (중략) 고생스럽고 성과가 나오기 힘든 일이었다. 존 번 이상으로 잘할 사람은 없었으리라 생각한다. (중략) 존 번은 어마어마한 시간을 한 가지 목표에 집중했다. 그는 항상 전례가 아니라 도리를 중시했다."

결국 가이코는 부활했고, 목표를 달성했습니다. 이때 번은 "맛있는 걸 먹여 주마!"라며 직접 요리사 모자를 쓰고는 사원들에게 아일랜드 요리를 대접하여 노고를 위로했습니다. 버핏은 번을 친구 삼았습니다.

비즈니스의 세계에서는 전례 답습이 활개를 칩니다. 전례대로 진행하면 반대자도 실패 위험도 적기 때문인데, 변화가 극심한 이 시대에 그러고만 있어서는 살아남지 못합니다. 그렇다고 버핏이 무엇이든 새로우면 그만이라고 생각한다는 뜻은 아닙니다. 버핏은 변화에 대응하면서도 도리를 중시하고, 사람으로서 성실한 태도를 귀중히 여깁니다.

인생에서 성공하려면 무엇이 필요할까요? 버핏이 학생에게 "반 친구 중 한 사람에게만 투자할 수 있다면 누구에게 투자하겠습니까?"라고 물은 적이 있습니다.* 성적이 높다든가 스타일이나 외모가 수려하다든가 하는 다양한 대답 가운데 버핏은 "나라면 가장 실행력이 있는 사람에게 하겠다"라고 대답했습니다.

아무리 재능이 출중해도 실행력이 없으면, 역경에 굴하지 않는 행동력이 없으면 성공은 이룰 수 없습니다. 버핏은 배움과 실천의 중요성을 설명했습니다.

———

* 《워런 버핏의 주주총회》

그럼 재능과 행동력만 갖추면 반드시 성공이 보장될까요? 버핏이 생각하기에는 더 중요한 요소가 있습니다.

"지성, 에너지, 성실함. 세 가지 중 마지막이 없으면 앞의 둘은 아무런 의미가 없어진다."*

성공하기 위해서는 좋은 습관을 익히고, 원칙에 충실한 것과 더불어 도리를 지키고, 사람으로서 성실한 것이 매우 중요하다고 버핏은 말합니다.

---

* 로널드 찬, 《버크셔 해서웨이의 뒷이야기》, 윌리(2010).

워런 버핏의 8가지 투자 철학

Buffett's Memo

- 친구끼리 골프를 칠 때도 내기에는 참여하지 않는다.

- 어린 시절부터 자기 사업으로 돈이 불어나는 모습을 보는 것을 좋아하는 아이였다.

- 간단한 일을 까다롭게 생각하지 않고 곧장 행동으로 옮긴다.

- 스승의 생각과 동떨어질지라도 자기 생각에 입각한 선택을 한다.

철학6

버핏의 소비 규칙

매년 착실하게
성과를 올려
'사회에 환원'한다

돈은 버는 것보다
쓰는 게 중요하다

진정한 노블레스 오블리주란 압도적인 자산을
소유하고도 평범한 집, 자동차 한 대로 살면서
자선사업에는 수조 엔에 달하는 기부를 하는 것
이다.

버핏이 '포브스 400' 순위에 등장한 해는 49세였던 1979년이고, '포브스 400' 상위 10위권에 처음으로 들어간 해는 56세였던 1986년입니다.

20대 때 세계 최상위 수준의 자산가가 된 스티브 잡스(애플 창업자)나 마크 저커버그(페이스북 창업자)에 비하면 늦게 피어난 데다 그들 같은 화려함도 없지만 버핏은 매년 착실하게 부자가 되는 길을 걸어왔습니다. 그리하여 상위 10위권에 진입한 이후로는 오늘에 이르기까지 입지를 유지하고 있습니다.

투자의 세계에는 하루아침에 거금을 얻는 사람이 있는가 하면, 하루아침에 거금을 잃고 망하는 사람도 있습니다. 1992년 영국 통화 파운드에 거액의 공매도를 실행하여 총 20억 달러의 이익을 벌어들인 일로 '영국 은행을 때려눕힌 남자'라는 별명을 얻은 조지 소로스처럼 기막힌 활약을 하는 인물도 있습니다.

버핏은 이들과 달리 화려하지 않습니다. 단기 승부를 좋아하는 투자자도 아닙니다. 장기 보유를 기본으로 삼는 현명한 투자자라는 점에 긍지를 품고, 해마다 확실하게 성과를 올립니다.

버핏이 '세계 제일의 투자자'로서 존경받는 이유는 버크셔 해서웨이를 시가총액 3,860억 달러(2021년 8월 11일 시점)의 기업으로 육성하고, 1,000억 달러가 넘는 개인 자산(2021년 3월 11일에 도달)을 소유했음에도 사치는커녕 검소하게 생활하면서 빌&멜린다 게이츠 재단에 큰돈을 기부하는 등 적극적인 자선활동을 펼치기 때문입니다.

격차가 확대된 미국에서 버핏은 세금 문제를 비롯한 '가진 자의 의무'에 대해서도 적극적으로 발언합니다.

"돈은 사회가 맡긴 보관물"이라고 종종 말하듯이 버핏에게 돈은 버는 것 이상으로 어떻게 쓰느냐, 무엇에 쓰느냐가 중요한 대상입니다.

이런 돈에 대한 엄격한 태도를 한결같이 지켜왔기에 버핏은 계속 성공할 수 있었고, 존경받는 존재가 되었습니다.

제1화

아무리 부유해도
절약과 저축을 기본으로 삼는다

버핏에 따르면 수입의 많고 적음에 상관없이 부자가 되고 싶은 사람이라면 누구나 유의해야 할 사항이 있습니다. 바로 '쓰는 돈은 들어오는 돈보다 적게'를 지키는 것입니다.

"버핏가에는 막대한 유산을 남긴 사람은 한 명도 없지만, 이것이 아무것도 남기지 않았다는 뜻은 아니다. 그들은 벌어들인 돈을 몽땅 써 버리지 않고 늘 일부를 저금했다. 그래서 쭉 잘살았다."

일본에서 '공원의 아버지'라고 불리는 혼다 세이로쿠는 투자자로서 거액의 부를 쌓았으나 도쿄대학을 퇴임할 무렵 그 대부분을 교육기관에 기부했습니다. 혼다는 스스로 학비를 벌어 도쿄 농림학교(현재의 도쿄대학 농학부)에 다니고, 도쿄대학 교수가 되는 한편으로 수입의 4분의 1을 공제해 저축하는 근검절약을 실천했고, 그 자금을 밑천으로 주식에 투자하여 거부가 되었습니다. 버핏이 말한 '쓰는 돈은 들어오는 돈보다 적게'를 글자 그대로 실천한 인물이었습니다.

버핏은 여기에 복리식 사고를 더해 어린 시절부터 절약과 저축에 힘썼습니다.

버핏에게 투자란 소비를 미루는 것을 의미합니다. 앞서 소개한 《1000 달러를 버는 1000가지 방법》이라는 책에서 복리식 돈 불리기의 위력을 실감한 버핏은 '오늘의 1달러도 몇 년이 지나면 10배'가 되므로 소액이라며 안이하게 소비하는 행동은 어리석다고 여기게 되었습니다.

결혼해서 자식이 둘 태어나자 버핏은 난생처음으로 집을 한 채 샀습니다. 가격은 3만 1,500달러였으나 복리식 사고에 능한 버핏의 머릿속에서는 100만 달러와 다름없는 소비였습니다. 버핏이 곧장 '버핏의 어리석은 짓'이라고 이름 붙였을 정도로요.

버핏은 복리식 사고에 철저해서 아내 수잔이 무언가를 사고 싶다고 이야기해도 "그런 일로 50만 달러를 날리면 어쩌려나"라고 대답하고, 자기 머리를 다듬는 일조차 자문했습니다.

"나는 정말로 머리카락을 자르는 데 30만 달러를 쓰고 싶은가?"

오늘은 소액일지라도 소비를 미뤄서 운용하면 몇 년, 몇십 년 뒤에는

워런 버핏의 8가지 투자 철학

꽤 두둑한 자산이 됩니다. 이러한 복리식 사고와 소박한 생활이 버핏을 위대한 투자자로 키웠습니다. 하지만 이것은 버핏 특유의 사고방식은 아닙니다.

조지 소로스와 퀀텀펀드를 운영한 적 있는 '모험 투자자' 짐 로저스는 1980년에 수백만 달러를 손에 쥐고 은퇴합니다. 투자에서는 대성공한 로저스지만 사생활에서는 "여성과 짧은 결혼생활을 두 번 했는데 희생도 있었다"라고 합니다. 이유는 이렇습니다.

"나에게는 우리를 위해 시장에서 일해 줄 돈으로 새 소파를 사는 일이 불필요해 보였다. 젊은이가 절약하여 올바르게 투자한 1달러는 나중에 20배가 되어 돌아온다."
―짐 로저스, 《투자자 짐 로저스와 함께하는 오토바이 세계 일주》, 랜덤하우스(2003)*

투자자와 함께 살기란 퍽 힘든 일인 것 같습니다. 그러나 버핏에게는 이같은 생활이 손톱만큼도 고생스럽지 않았습니다. 일찍부터 사업과 투자를 실행하여 대학원을 졸업했을 무렵에는 2만 달러에 가까운 자산을 모았으니까요. 자산은 쭉쭉 불어서 버핏이 그레이엄-뉴먼을 그만두고 오마하로 돌아가 회사를 차릴 즈음에는 무려 17만 4,000달러가 되었습니다.

26세의 버핏이 계산한 바로는 당장 은퇴해서 수중의 돈을 운용하기만

---

* 한국어로 번역 출간된 도서의 정보는 다음과 같다. 짐 로저스, 《월가의 전설 세계를 가다》, 박정태 역, 굿모닝북스(2004).

해도 35세면 염원하던 백만장자가 될 수 있는 금액이었습니다. 그러나 그만한 자산을 가지고도 버핏은 간신히 생활만 가능한 수준의 작은 집을 빌렸습니다. 심지어 좁디좁은 서재에 전화 한 대만 달랑 연결해서 회사 사무실을 차렸습니다. 참고로 버핏이 오마하에서 빌린 집은 '월 175달러, 생활비는 1년에 1만 2,000달러'였습니다.

버핏은 지출 하나하나를 노란색 괘선지에 손글씨로 기록하여 최대한 지출을 줄입니다. 운영하는 회사의 총자산은 날로 증가하여 1966년에는 4,400만 달러에 도달했습니다. 《워런 버핏의 말: 세계 최고 투자자의 재치와 지혜》를 보면 부자가 된 버핏이 투자자에게 보내는 편지에 이렇게 썼다고 합니다.

"수잔과 나는 영화 관람비를 절약해서 684만 9,936달러를 투자했습니다."

버핏의 검소한 생활은 그 이후로도 이어집니다. 자산 대부분을 자선사업에 기부하겠다고 발표했을 때도 버핏은 "나는 아무것도 희생하고 있지 않습니다", "희생이란 밤 외출을 삼가거나 긴 시간을 할애하거나 디즈니랜드 여행을 관두거나 해서 교회에 기부하는 것입니다", "내 생활은 조금도 달라지지 않았습니다"라고 말했습니다.

버핏에게 절약은 자연스러운 일이었습니다. 돈을 버는 것이 호사스럽게 생활하기 위함이 아니었기에 그렇습니다.

제2화

돈은 자기가 좋아하는 일을
잘해서 얻은 부산물이어야 한다

누차 말했다시피 버핏은 어려서부터 백만장자가 되고 싶어 했습니다. 버핏이 백만장자를 꿈꾸게 된 계기 중 하나는 아버지 하워드와 함께 뉴욕을 방문했던 10세 때 목격한 장면입니다.

버핏은 아버지에게 "보고 싶은 장소가 세 곳 있다"라고 고백했습니다. 첫 번째는 우표와 동전의 카탈로그를 발행하는 스콧. 두 번째는 철도 모형 제작사인 라이오넬. 여기까지는 아이답습니다. 그럼 마지막 세 번째는 어디였을까요? 아이답지는 않지만 너무나도 버핏다운 뉴욕 증권거래소였습니다.

뉴욕 증권거래소를 방문한 버핏과 아버지는 증권거래소의 회원인 아토 몰이라는 네덜란드인과 함께 점심을 먹었습니다. 식사가 끝나자 여러 종류의 담뱃잎이 놓인 쟁반을 든 남자가 다가와서 아토 몰이 고른 담뱃잎으로 시가(엽궐련)를 만들었습니다. 그 광경이 버핏의 마음을 사로잡았습니다.

당시 미국은 아직 대공황 이후의 혼란에서 완전히 회복하지는 못한 상태였습니다. 그런데도 증권거래소에는 '맞춤 시가'를 피우는 이와 만드는 이가 존재했습니다. 필요하지도 않고, 시급하지도 않은 그야말로 사치스러운 행위였지만 그 모습을 본 버핏은 생각했습니다.

'(돈이 있으면) 그것으로 자립할 수 있다. 살면서 하고 싶은 일을 할 수 있다. 누구보다 나 자신을 위해 일하고 싶다. 남에게 지도받고 싶지 않다. 날마다 내가 원하는 일을 하는 것이 중요하다'.

버핏은 맞춤 시가를 피우는 생활에는 관심이 없었습니다. 그저 자신이 정말 원하는 일을 하면서 누구에게도 지도받지 않는 삶을 살아가기 위해 돈을 벌어야겠다고 마음먹었습니다.

"자기가 멋지다고 생각하는 일을 하는 게 진심으로 만족하는 유일한 방법입니다. 아직 그것을 발견하지 못했다면 계속 찾아봅시다"는 스티브 잡스가 스탠퍼드 대학 졸업식에서 학생들에게 건넨 말입니다. 잡스는 자기가 마음 깊이 사랑하는 일을 할 때 생겨나는 열정이 세계를 바꿀 물건을 만들어 준다고 믿었습니다.

네브래스카 대학 링컨캠퍼스 경영학부에서 빌 게이츠와 공개 대담에 임했던 버핏도 학생들에게 "무엇이든 좋으니 몰두할 수 있는 일을 찾으세요"* 라고 말했습니다.

---

* 《버핏&게이츠 후배와 이야기하다》

자신은 '투자'라는 몰두할 수 있고 좋아하는 일을 발견한 행운아라고 말하고는 질문을 던졌습니다.

"돈 때문에 일하고 싶지는 않겠지요? 불쾌한 일은 하기 싫겠지요? 아침에 나갈 때마다 설렜으면 좋겠지요?"

버핏은 지금도 시스티나 성당에 그림을 그리러 가는 화가처럼 설레는 마음으로 일한다고 합니다. 다루는 금액은 과거보다 월등히 많아졌지만 일하는 기쁨은 예나 지금이나 전혀 변함이 없다면서, 좋아해 마지않는 야구를 예로 들어 설명했습니다.

1941년에 4할을 친 테드 윌리엄스가 2할 안팎으로밖에 치지 못한다면 최고 연봉을 받았어도 몹시 울적하겠지만 4할을 친다면 최저 연봉을 받았어도 크게 기뻐했을 거라고 말이지요.

"핵심은 자신이 좋아하는 일을 특출나게 잘하는 데 있습니다. 돈은 그 부산물에 지나지 않습니다."*

"돈을 목적으로 회사를 설립해서 성공한 사람은 본 적이 없다"라고 스티브 잡스는 말했습니다. 자기가 열중할 수 있는 일은 아무리 고되도 열정적으로 노력하지만 오로지 돈을 벌려고 하는 일은 작은 곤경에도 포

---

*   《워런 버핏의 말: 세계 최고 투자자의 재치와 지혜》

기하는 까닭입니다.

버핏이 말했듯이 자기가 진정으로 하고 싶은 일을 특출나게 잘하는 것이 중요합니다. 오늘날 구글의 사고방식은 "끝내주는 서비스를 제공하면 돈은 뒤따라온다"인데, 버핏에게는 좋아하는 일을 찾아서 열심히 일한 결과가 성공이고, 부이고, 명성인 셈입니다. 돈은 목적이 아니라 어디까지나 부산물입니다.

제3화

버크셔 해서웨이의 경비는 동업 타사 평균의 250분의 1이다

버핏은 자동차 번호판에 '절약(Thrifty)'이 적혀 있다는 소리를 들을 만큼 '절약'이라는 말을 좋아합니다. 사생활에서도 복리식 사고를 적용하여 되도록 소비를 미루려 하고, 다른 면에서도 사치를 매우 싫어합니다. 그것은 투자에서도 똑같습니다.

버크셔 해서웨이가 샌프란시스코의 웰스파고 은행 주식을 7% 보유하고 있을 당시의 일입니다. 웰스파고의 간부 한 명이 사무실에 크리스마스트리를 장식하고 싶다는 이야기를 꺼냈습니다. 간부의 이야기를 들은 CEO 칼 라이하르트는 장식은 거부하지 않았으나 "그렇게 원한다면 사비로 사도록"이라는 명령을 내렸다고 합니다.

이 일화를 접한 버핏과 찰리 멍거는 즉석에서 웰스파고의 주식을 더 매수하기로 결단했다고 합니다. 버핏이 절약 정신을 얼마나 중시하는지 알 만합니다.

버팔로 이브닝 뉴스를 매수했을 때, 번듯한 사무소와 인쇄공장을 본 찰리 멍거의 감상은 이러했습니다.

"신문사가 신문을 발행하는 데 어째서 궁전이 필요한가."

버핏도 같은 감상이 든 모양인지 그 건물을 '타지마할'이라고 불렀습니다.* 그것은 저명한 건축가의 작품이었지만 바람이 강한 버팔로 거리의 건물로는 적합하지 않은 형태였습니다.

결코 실용적이라고는 할 수 없는 건물에 건축비를 쏟아붓는 것만큼 버핏과 멍거가 싫어하는 일은 없습니다. 버핏에게 근검절약과 비용의식(cost consciousness)은 당연한 일상입니다.

"나는 어딘가의 회사가 경비 삭감에 착수했다는 뉴스를 들을 때마다 이 회사는 비용이 뭔지 제대로 모른다는 생각이 듭니다. 경비 삭감은 단숨에 해치우는 일이 아니니까요."**

거듭 말하지만 버핏에게 경비 삭감은 매일 하는 세수와 똑같습니다. 사람이 아침에 일어나서 '자, 숨이라도 쉬어 볼까?'라고 생각하지 않듯이 뛰어난 경영자는 비용 삭감도 숨 쉬듯 당연하게 합니다.

---

* 《그래, 맞아!: 무대 뒤의 억만장자 찰리 멍거》

** 《워런 버핏의 말: 세계 최고 투자자의 재치와 지혜》

버크셔 해서웨이의 경비는 놀랍도록 적습니다. 멍거에 따르면 동업 타사 평균의 250분의 1 수준이라 버크셔 해서웨이보다 경비가 적은 곳은 없다고 합니다. 파격가로 나온 빌딩을 사서 본사를 이전하자는 계획이 불거졌을 때도, 사무소를 호화로운 곳으로 옮기면 사원과 산하 기업에 좋은 영향을 주지 못한다는 이유로 중지했습니다.

버핏의 절약 정신은 사생활에서 시작됩니다. 1996년의 주주총회에서 버핏은 이렇게 말했습니다.

"버크셔의 이사진은 작년에 총합 100파운드 감량에 성공했습니다. 적은 보수로 생활하려고 노력한 결과임이 틀림없습니다."

1993년, 버핏이 ABC 방송 회장인 토머스 머피와 함께 드라마 〈올 마이 칠드런〉에 행인 역할로 출연했을 때의 일입니다. 출연료로 한 사람당 300달러짜리 수표를 받자 머피는 기뻐하며 "이 수표는 액자에 넣어서 걸어 두겠어"라고 말했습니다. 이에 버핏은 다음과 같이 응수했습니다.

"나는 수표 사본을 걸어 두겠네."*

다른 에피소드도 있습니다. 2005년에 버핏과 빌 게이츠가 네브래스카 대학 링컨캠퍼스의 학생들 앞에서 공개 대담을 했을 때, 한 학생이 질

---

* 《워런 버핏의 말: 세계 최고 투자자의 재치와 지혜》

문했습니다.

"100달러 지폐를 떨어뜨리면 주우러 되돌아가시나요? 아니면 가난한 학생이 줍도록 내버려 두시나요?"

이 질문에 버핏은 뭐라고 대답했을까요?

"만약 빌이 10센트를 떨어뜨리고 나가면 내가 줍겠습니다."*

버핏의 손에 들어가면 300달러든 10센트든 10년, 20년 뒤에는 그 나름대로 불어납니다. 버핏의 절약은 부자인가 아닌가에 관계없이 몸에 밴 습관의 일부입니다. 사치는 하기 시작하면 끝이 없습니다. 버핏은 공과 사 모두에서 근검절약을 꾸준히 실천하여 그룹 각사에 바람직한 본보기를 보이려 합니다.

---

* 《버핏&게이츠 후배와 이야기하다》

워런 버핏의 8가지 투자 철학

제4화

벌어들인 돈의 액수로
인생을 평가해서는 안 된다

버핏도 찰리 멍거도 젊은 시절부터 돈벌이에 관해서는 탐욕스러웠습니다. 두 사람 모두 젊어서부터 부자가 되고 싶다는 욕망을 숨김없이 드러냈지요. "나는 언젠가 부자가 될 거라고 믿었습니다. 그것을 의심한 적은 한순간도 없습니다"라고 단언했을 정도입니다.

부자가 되기 위해 일찍부터 배우고 실천한 결과, 두 사람은 나란히 거대한 자산을 손에 넣었습니다. 하지만 부자가 되었다고 사치를 한다거나 자신이 부자라고 자랑하는 일은 없었습니다. 사생활 역시 소박해서 버크셔 해서웨이가 얼마나 거대해지든 미국의 기업 경영자들이 곧잘 그러하듯이 거액의 보수를 받는 일도 없었습니다.

두 사람에게 돈벌이란 '자립'으로 가는 길이자 자신이 좋아하는 일을 하는 데 필요한 수단이었습니다.

돈벌이 자체는 나쁜 일이 아닙니다. 다만 돈벌이를 유일한 목적으로 삼아 버리면 인생에서 큰 잘못을 저지르게 되기 쉽습니다.

버핏은 살로몬 브라더스의 주주로서 이사회에 이름을 올렸으나 1991
년까지는 살로몬 브라더스가 기대만큼 이익을 내지 못해 실망과 좌절을
맛봤습니다. 버핏에게 도착하는 재무 보고서는 대체로 최신 내용이 아니
었고, 수익도 떨어지기만 했습니다. 이유는 지나치게 큰 사원 급여에 있
었습니다. 그중에서도 존 메리웨더가 이끄는 아브 보이스(재정거래팀)의 급
여는 말 그대로 과대해서 어느 해에는 그때껏 300만 달러였던 보너스를
2,300만 달러로 올려 받은 사람마저 있었습니다.

버핏은 고액 보너스 자체를 반대하는 입장은 아닙니다. "재능이 있는
사람에게 지급하는 것은 당연하다"라고 여깁니다. 하지만 번번이 높은
액수의 보너스를 요구하는 살로몬 브라더스 사원들의 탐욕스러움에는
혀를 내둘렀습니다.

이러한 탐욕스러움은 이윽고 살로몬 브라더스에 크나큰 위기를 불러
왔습니다. 살로몬 브라더스에서 국채 부정입찰을 저지른 폴 모저는 국채
부문 책임자로 간혹 상대를 얕보기는 해도 함께 일하는 동료에게는 호
감을 사는 인물이었다고 합니다. 당시 폴 모저의 급여는 475만 달러였습
니다. 상당한 금액이지요. 그러나 환율 부문을 몇 개월 만에 흑자로 만
든 모저에게 475만 달러는 턱없이 적게 느껴졌습니다. 전 동료인 래리 힐
리브랜드가 비밀 보너스로 2,300만 달러를 받는다는 사실을 알고 난 이
후 모저는 비리에 손을 대기 시작했습니다. 그 이전에는 아브 보이스의
누구보다도 급여가 높았던 모저로서는 이 차이가 쉬이 용납되지 않았고,

굴욕스러웠습니다.

물론 오직 그것만이 비리를 저지른 이유는 아니겠으나 버핏은 이같은 격정의 배경에는 질투가 깔려 있다고 생각했습니다.

"진짜 원인은 욕망이 아닌 질투입니다. (중략) 200만 달러를 받을 수 있다면 모두가 만족합니다. 210만 달러를 받는 사람의 존재를 알기 전까지는 말입니다."*

질투는 인간에게 비참함을 안겨주고, 때때로 판단을 흐립니다. 특히 돈으로 인한 질투는 '돈을 벌기 위해서라면 무엇이든 하겠다'라는 그릇된 마음으로 이어지기 쉽다는 문제가 있습니다.

《스노볼》을 보면 버핏이 월가가 껴안은 문제를 이렇게 지적했다는 것을 알 수 있습니다.

"거대한 시장이 사람의 가치를 돈으로 판단하려는 인간들을 끌어당기고 있습니다. 돈을 얼마나 가졌는가, 과거에 얼마나 벌었는가를 척도로 인생을 살아가면 늦든 빠르든 성가신 문제에 휘말립니다."

버핏은 회사를 위해 일하다가 손해를 내는 행동은 이해할 수 있다고

---

* 《워런 버핏의 주주총회》

말합니다. 반면 사리사욕을 위해 비리를 저지르고, 회사의 평판에 흠집을 내는 행위는 절대 용서하지 않는다고 단언합니다.

일본에도 자신을 비판하는 사람에게 "내가 당신보다 훨씬 잘 법니다", "당신이 내는 세금의 몇십 배를 냅니다"라며 특권계급인 양 행세하는 말을 태연히 하는 사람들이 있는데, 그들의 앞길에는 버핏이 말한 성가신 문제밖에 없습니다. 다분히 월가다운 '돈이 전부'라는 척도는 버핏이 혐오하는 기준 중 하나입니다.

제5화

'운 좋은 1%'로 태어난 사람의
의무를 지켜야 한다

빌 게이츠와 워런 버핏은 일찍이 사업적인 재능을 꽃피워 큰돈을 벌었는데도 벌어들이는 돈에 비해 사생활은 상당히 소박한 부류에 들어갑니다.

마이크로소프트의 젊은 경영자로서 성공한 빌 게이츠의 식생활은 어떨까요? 게이츠의 비서는 게이츠가 즐겨 먹는 메뉴를 언제든 주문할 수 있도록 전화에 단축번호를 지정해 두었습니다. 단축번호에 등록된 가게는 '버거 마스터'라는 패스트푸드점으로 주문하는 메뉴는 늘 햄버거, 감자튀김, 초콜릿 셰이크였습니다. 사원들과 근사한 레스토랑에 가도 그들을 위해서는 고급 와인을 주문하지만 자기 몫으로 주문하는 메뉴는 예외 없이 햄버거였습니다.

성공한 젊은 사업가의 모습을 카메라에 담으려 했을 때 생긴 일화도 유명합니다. 게이츠가 즐겨 입는 스웨터에 구멍이 어찌나 많은지 어느 각도에서도 찍을 수가 없어서 할 수 없이 스웨터를 벗었더니 셔츠마저 주름투성이였다고 합니다.

게이츠는 일에 엄격하고, 돈에 까다로우면서도 자신이 유복한 생활을 영위하는 데는 그다지 관심이 없었습니다. 벌어들인 돈에 대해서도 "5,000만 달러를 번 사람이 있다고 칩시다. 그가 자기 집이나 자기 자신에게 돈을 쓴다면 그것은 단순한 소비입니다. 부를 가난한 사람에게 분배하지 않고 자기 목적을 위해서만 썼기 때문입니다"*라고 말했습니다.

이러한 게이츠의 사고방식은 버핏과 공통됩니다.

"내키기만 한다면 사람을 만 명 고용해서 매일같이 내 자화상을 그리게 할 수도 있을 겁니다. 그래도 GNP는 성장합니다. 하지만 그렇게 해서 얻은 생산물의 가치는 제로입니다."

게다가 버핏은 "돈을 벌기는 쉽습니다. 오히려 쓰기가 어렵지요"**라고도 이야기했습니다.

돈 쓰기의 어려움을 아는 버핏은 게이츠와 손을 잡고 자선사업에 돈을 사용하는 길을 택했습니다.

2011년에 미국 월가를 중심으로 진행된 데모의 키워드 중 하나는 '1% vs 99%'였습니다. 현재로서는 1%는커녕 0.5%라고도 하는데, 어쨌

＊　《버핏&게이츠 후배와 이야기하다》

＊＊　《워런 버핏의 말: 세계 최고 투자자의 재치와 지혜》

거나 이 세상에는 압도적으로 부유한 극소수의 사람과 나머지 99%의 사람이 있다는 막막함과 분노에서 나온 항의의 말이라고 합니다.

버핏은 부모에게서 막대한 유산을 물려받지는 않았으나 "태어난 장소와 시기가 환상적이었다"라고 회고할 만큼 일찍부터 자신의 행운에 감사함을 느꼈습니다.

확실히 버핏은 투자에 재능이 넘쳤지만 만일 미국이 아닌, 가령 개발도상국의 작은 마을에서 태어났다면 그 재능을 발견해 꽃피웠을 가능성은 크게 떨어졌을 터입니다.

버핏은 자신의 성공을 두고 '운이 따른 결과'라고 말합니다. 교육열이 높은 부모 밑에서 성장하고, 존경할 만한 사람들과 만나고, 자기가 좋아하는 일이 가능했던 결과로 세계 유수의 자산가가 되었다고요. 그것을 자각하고 있기에 자기들 같은 사람은 그렇지 않은 사람들을 생각하고, 그들을 위해 무언가를 해야 한다고 여깁니다.

"운 좋게 1%로 태어난 인간에게는 나머지 99%의 인간을 생각해야 할 의무가 있습니다."*

이를테면 버핏은 미국의 불공정한 세금 제도를 바로잡아야 한다고 신문에 자기 의견을 발표했으며, "나에게는 이 나라의 세금 제도가 너무나

---

* 《워런 버핏의 주주총회》

평면적입니다. 솔직히 말해서 빌 게이츠와 나는 더 높은 세율을 적용받아 마땅합니다"라고도 말했습니다.

자선사업에 거액을 기부하는 것도 '돈이란 사회에 반납해야 하는 보관증'**이라고 생각해서입니다. 축적한 부를 '운 좋은 1%'가 아니라 세계의 가난한 사람들을 위해 사용함으로써 버핏은 자신의 의무를 다하고자 합니다.

괜한 생각을 하지 않으면 돈 쓰기는 아주 간단합니다. 그렇지만 버핏과 게이츠는 단순한 소비에만 많은 돈을 사용하는 일이 어리석은 행위임을 잘 알고 있습니다.

버핏도 게이츠도 돈벌이에 천재적인 한편으로 올바른 돈 사용법을 항상 고민합니다. 돈 사용법은 돈을 버는 법 이상으로 진지하게 생각해야 할 주제입니다.

---

* 《버핏&게이츠 후배와 이야기하다》

** 《스노볼》

워런 버핏의 8가지 투자 철학

Buffett's Memo

- 자산이 얼마든 평범한 집에 살고, 자선사업에 거액을 기부한다.

- 일하는 데 호화로운 사무실은 필요치 않다.

- 돈에 너무 집착하면 돈 때문에 신세를 망치게 된다.

- 빌 게이츠나 자신 같은 사람에게는 세금을 더 부과해야 한다고
  공언한다.

철학7

버핏의 시간 관리

절대 '낭비하지 않고'
써야 할 곳에는
철저하게

최고로 강한 자원은
'시간'이다

인생은 누구에게나 평등하게 주어진 시간을 어떻게 사용하느냐로 결정된다고 봐도 무방하다. 더구나 많은 사람이 사용하는 시간 사용법이 꼭 올바르다고는 할 수 없다.

시간은 누구에게나 평등하지만 그 사용법은 제각각입니다. 피터 드러커는 사람의 성과는 유한한 시간을 어떻게 사용하느냐에 따라 모든 것이 달라진다고 강조하며 다음과 같이 말했습니다.

"성과를 내는 사람은 시간이야말로 가장 부족하고, 가장 귀중히 여겨야 할 자원임을 안다."

주가 동향을 초 단위, 분 단위로 확인하여 잇따라 결단을 내리는 투자자는 시간에 신경을 곤두세웁니다. 조금만 판단이 늦어도 돌이키지 못할 결과로 이어질 수 있기에 이들에게 시간은 단 1초도 허비할 수 없는 대상입니다.

버핏은 어떨까요? 버핏이 투자자로서 시간을 사용하는 방식은 독특합니다. 1분, 1초에 신경을 쓰는 것이 아니라 오늘이나 내일 주가가 어떻게 되어도 상관 없다고 생각합니다. 오히려 버핏은 시간을 지나치게 신경 쓰지 않습니다. 그렇기에 인터넷조차 없는 시대에 뉴욕에서 멀리 떨어진 오마하로 가서 생활할 수 있었고, 좋아하는 브리지(트럼프 게임의 일종)를 할 때 외에는 컴퓨터도 사용하지 않았습니다.

그럼 버핏은 어디에 시간을 사용할까요? 그는 해마다 많은 기업의 연차 보고서를 훑어봅니다. 읽고 싶은 책도 산더미처럼 쌓여 있습니다. 널리 알려진 〈주주에게 보내는 편지〉도 직접 씁니다. 자기에게 정말 중요한 일에 시간을 들이는 것이 '버핏식'입니다. 버핏의 시간은 세상에서 흔히 상상하는 투자자의 시간과는 다르게 흘러가는 셈입니다.

하물며 버핏은 시간을 단기로 보지 않습니다. "철학1 〈버핏의 관점〉 단기가 아니라 '압도적 장기'로 상황을 본다"에서 서술했다시피 5년, 10년이라는 장기적인 관점에서 생각합니다. 주식이든 기업이든 "가능하다면 영원히 보유하고 싶다"라고 말할 정도로 길게 내다보는 것입니다.

월가 안에서나 밖에서나 주주는 아무래도 단기적인 관점에서 빠른 성과를 요구하는 경향이 있는데, 버핏 같은 주주나 오너가 있으면 경영자도 장기적인 관점에서 전략을 생각할 수 있을 것입니다.

버핏식 투자법과 시간 사용법은 하루빨리 부자가 되려는 사람에게는 적합하지 않을지도 모릅니다. 그러나 조금씩 부유해져서 오래도록 부자로 살고 싶은 사람, 돈 외적인 부분에서도 풍요로운 인생을 살고 싶은 사람에게는 이상적인 방식입니다.

워런 버핏의 8가지 투자 철학

제1화

회의는 최대한 짧게,
일정표는 새하얗게 하라

빌 게이츠에게 버핏은 좋은 상담가입니다. 버핏은 마이크로소프트에 큰돈을 투자하고 있지도, 브리지를 할 때 말고는 컴퓨터를 이용하지도 않습니다. 게이츠도 버핏에게 의뢰해서 자기 자산을 투자로 불리려고는 하지 않습니다. 요컨대 둘 사이에 사업상 교제는 거의 없는 셈이지만 두 사람은 다소 나이 차이가 나는 친구로서 서로서로 상담하고, 조언을 해 준다고 합니다.

게이츠는 무척 어려운 국면에 맞닥뜨렸을 때면 아버지나 아내 멜린다(2021년 이혼)와 상담하고, 때로는 버핏과도 의논합니다. 게이츠가 말하는 세 사람의 공통점은 자신이 너무 흥분해서 판단을 잘못하거나 중요한 부분을 잊어도 능숙하게 바로잡아 준다는 점입니다. 《버핏&게이츠 후배와 이야기하다》에 보면 버핏이 게이츠에게 건넨 조언 중에서 게이츠의 마음을 울린 조언을 소개하고 있습니다.

"진짜로 중요한 일만 선택하고, 나머지는 솜씨 좋게 '노(NO)'라고 거절하는 것도 필요하다네."

버핏과 처음 만났을 무렵의 게이츠는 눈코 뜰 새 없이 바빴습니다. 마이크로소프트의 수장으로서 수많은 회의에 참여하고, 하루에 400만 통이나 되는 메일(대부분은 스팸메일)을 처리하고, 밤이면 긴 답장을 쓰고, 1년의 4분의 1은 해외로 출장을 가고, 휴가는 1년에 겨우 2주뿐이었습니다. 게이츠는 그 2주를 'Think Week(생각하는 시간)'이라 부르며 소중히 여깁니다.

한편 버핏은 회의에 거의 참여하지 않고, 전화도 몇 통밖에 받지 않습니다. 컴퓨터는 브리지 게임을 할 때만 사용하므로 메일과 씨름할 필요도 없습니다. 그렇다 보니 "나의 '생각하는 시간'은 1년에 50주 정도려나"라고 말할 만큼 버핏의 일정표는 새하얗습니다. 그것을 본 게이츠는 의미 없는 일에는 상관하지 않는 방식의 중요성을 알았다고 합니다.

그런데 왜 버핏은 그토록 거대한 기업의 수장이면서 회의 같은 일에 시간을 할애하지 않을까요? 이유는 크게 두 가지입니다. 첫째, '오너인 양 경영에 임하는 경영자'를 좋아하여 자질구레한 지시를 내릴 일이 없어서. 둘째, 중요한 일에 집중하느라 나머지 일에는 시간을 들이지 않아서.

버핏이 이끄는 버크셔 해서웨이에는 기업을 경영하고 싶어 하는 MBA 출신자도 없고, 변호사라든가 기획 입안자, 홍보 담당자, 인사 담당자도 없습니다. 경비원도, 운전기사도, 컨설턴트도 존재하지 않습니다.

워런 버핏의 8가지 투자 철학

1980년대, 사원이 11명밖에 없는 버크셔 해서웨이를 방문한 베어스턴스 투자은행의 존 오토는 동행인과 버핏의 교섭 장면을 보고 강렬한 인상을 받았습니다.

오토의 동행인은 가스 관련업을 경영하는 기업의 매각을 희망했습니다. K마트에서 산 듯한 구두를 신은 버핏은 간단히 인사를 나누자마자 본론으로 들어가기를 재촉했고, 미리 받아둔 자료를 바탕으로 질문을 주고받은 뒤 몇몇 조건을 붙여서 곧장 가격을 제시했습니다.

오토에 따르면 보통은 첫 만남에서 구체적인 교섭에 들어가지 않는다고 하는데, 버핏은 이것저것 흥정하거나 사전교섭을 하는 방식을 선호하지 않습니다. 직접 이야기하고, 스스로 판단하며, 혼자 결론을 내립니다. 그리고 일단 내린 결론은 바꾸지 않습니다. 대기업 버크셔 해서웨이의 강점은 바로 이 심플함입니다.

흔히 대기업에는 복잡한 조직과 많은 임원이 따라붙습니다. 그래서 한 사람 한 사람은 유능할지라도 우두머리의 의사는 전달되기 어렵고, 부하가 하는 일 대부분은 무의미한 경향이 있습니다.

버핏은 이렇게 생각했습니다.

"할 필요가 없는 일은 잘해 봤자 의미가 없다."*

당시 버핏은 다른 회사라면 100명 이상이 운용할 포트폴리오와 맞먹

---

* 《버핏: 미국 자본가의 탄생》

는 규모의 자금을 단둘(버핏과 어시스턴트 1명)이 운용했습니다. 또한 회사의 규모가 확대될수록 버핏은 자본에 두드러진 공헌을 하지 않는 투자와 소액 거래는 피했습니다. 그쪽으로 투자해 봤자 버크셔 해서웨이에는 이렇다 할 의미가 없기 때문입니다.

버핏은 할 가치가 있는 일과 없는 일을 명확하게 구분합니다. 필요한 일, 가치가 있는 일은 빈틈없이 하되 그것 이외의 일은 하지 않습니다. 무엇이 진짜 중요한지 판단하여 무의미한 일에는 절대 시간을 낭비하지 않습니다. 그렇게 만들어 낸 시간이 버핏의 '생각하는 시간'이 되고, 탁월한 결단의 밑바탕이 됩니다.

제2화

뉴욕이 아닌 곳에서
금융업을 한다는
말도 안 되는 선택을 하다

버핏이 자기 시간을 갖고, 시간을 유효하게 사용하는 데 커다란 역할을 한 요소 중 하나는 출신지인 오마하를 일터로 고른 것입니다.

투자의 세계에서 승부를 볼 작정이라면 최대한 많은 정보가 모이고, 투자 관계자가 다수 생활하는 곳에 사는 편이 좋다고들 생각합니다. 하지만 버핏은 한때 월가가 있는 뉴욕에서 생활했을 뿐 인생의 대부분을 오마하에서 보냈습니다.

버핏이 처음 오마하를 떠난 것은 아버지 하워드가 하원의원에 당선되어 가족과 함께 워싱턴 D.C.로 이사했을 때입니다. 막 중학교에 입학했을 무렵이었지요. 버핏은 못 견디게 오마하로 돌아가고 싶었습니다. 편히 잠들 수조차 없어서 할아버지에게 편지로 호소했습니다. 그 결과 할아버지에게서 "돌려보내는 게 낫겠구나. 내 손자를 망가뜨릴 셈이냐"라는 편지가 도착하여 불과 몇 개월 뒤에 버핏 혼자만 오마하로 돌아갈 수 있었습니다.

버핏은 부모님이 머무는 워싱턴 D.C.로 잠깐잠깐 돌아가 중고등학교를 마치고, 필라델피아의 펜실베이니아 대학 와튼스쿨에 입학합니다. 경영대로서 권위 있는 학교였지만 따분한 수업에 질린 나머지 필라델피아를 '필시델피아(filthy-delphia: 더러운-델피아)'*라고 부를 정도로 싫어했던 버핏은 아버지의 낙선을 구실 삼아 1949년 네브래스카 대학 링컨캠퍼스에 편입합니다.

그 이후에는 뉴욕의 컬럼비아 대학 대학원에 진학하고, 1954년부터는 그레이엄-뉴먼에서 일하며 몇 년을 뉴욕에 머무릅니다. 존경하는 벤저민 그레이엄의 회사에 들어가 좋아하는 일을 할 수 있었기 때문입니다. 다시 말해 버핏은 꿈에 그리던 그레이엄의 회사에서 그레이엄과 함께 일하기 위해 뉴욕에서 살았던 것이지, 뉴욕 생활을 원하지는 않았습니다. 그랬기에 그레이엄이 은퇴하고 얼마 지나지 않아 오마하로 돌아갈 결심을 합니다.

대학 졸업자가 경영업자가 되는 것, 심지어 뉴욕에서 벗어나 금융 관련업을 한다는 것은 말도 안 되는 시대였지만 버핏은 '이대로 뉴욕에 살고 싶지는 않다. 매일 전철을 타고 왕복하는 나날이지 않은가'라고 생각했습니다.

더군다나 버핏은 그때를 다음과 같이 회상합니다.

———

* 《스노볼》

"뉴욕과 워싱턴 D.C.에 살았을 때 느낀 점이 있습니다. 뉴욕은 이동하는 데 시간이 너무 걸립니다. 오마하에서는 비행기로 편도 3시간이면 뉴욕과 로스앤젤레스에 갈 수 있고, 도시의 장점만 누릴 수도 있습니다. 굳이 도시에 살면서 고통을 참을 필요가 없습니다."

마치 요즘 재택근무자의 감상 같습니다. 도시에 있는 사무실로 출근하려면 대중교통에서 긴 시간을 보내야만 합니다. 출퇴근 시간의 의미와 고통에 대해 고민한 끝에 재택근무자가 되는 사람이 많듯이, 뉴욕 생활에 동반되는 이동의 고통과 무의미함은 버핏이 오마하로 돌아가겠다고 결심하기에 충분한 사유였습니다.

결과적으로 이 결심은 버핏의 성공으로 이어졌습니다.

"오마하에서 생활하는 게 백번 낫습니다. 뉴욕에서 일하던 시절에는 도시에서 지내야 자극이 있고, 아드레날린도 정상적으로 분비될 줄 알았습니다만, 그대로 뉴욕에 머물며 도시 특유의 자극에 반응하게 됐다면 머리가 이상해졌을지도 모릅니다. 역시 이쪽에서 지내는 편이 생각이 정리됩니다."*

버핏에게는 홍수처럼 범람하는 정보가 불필요했습니다. 누군가가 건네는 수상쩍은 내부 정보도, 분초 단위로 달라지는 주가 동향도 필요치

---

* 《워런 버핏의 말: 세계 최고 투자자의 재치와 지혜》

않은 버핏에게 뉴욕에서 얻을 수 있는 정보는 큰 의미가 없었습니다.

정보에 휘둘려 허무하게 시간을 날리기보다는 쓸데없는 잡음에서 벗어나 눈앞의 종목에 집중하는 편이 월등히 가치가 있습니다. 그렇게 해야 비로소 생각이 정돈되고, 뛰어난 결단이 가능해진다고 버핏은 믿습니다. 차분히 읽고, 생각하고, 결단하기 위해서는 뉴욕보다 오마하가 알맞았습니다.

회사 차원에서 재택근무 도입을 결정한 어느 경영자는 "사원들이 자기 생활을 더 풍요롭게 하는 데 시간을 사용했으면 한다"라고 이야기했다고 합니다. 반복되는 일상에서 낭비되는 시간을 없애면 그 시간을 자기에게 정말 중요한 일에 쓸 수 있습니다. 시간은 모두에게 평등하지만 어디에 사용하는가는 사람 나름입니다.

워런 버핏의 8가지 투자 철학

살 아 있 는 지 식 과 지 혜 가 숨 쉬 는 곳

2022년 도서목록

국일미디어 ㅣ 국일증권경제연구소 ㅣ 국일아이

존리와 함께 떠나는 부자 여행 1권

주식이 뭐예요?

존리·주성윤 글 ㅣ 동방광석 그림
160쪽 ㅣ 값 12,800원

부자되기 원하는 청년을 위한 존리의 주식 투자 비결

청년들이 바로 서고 제대로 투자하고 부자가 되기를 희망하는 마음으로 쓴 청년을 위한 주식 투자 비결을 담은 주식 만화다. 존리와 함께 자신의 꿈을 찾고 공부하고 경제 원리와 주식에 대해 배운 어린 아이들이 청년으로 성장하면서 겪는 이야기로 부자가 되는 방법, 경제 독립을 이룰 수 있는 방법을 설명한다.

국일출판사는 책을 파는 곳이 아니라 꿈을 파는 곳입니다.
전화 (02)2237-4523 ㅣ 팩스 (02)2237-4524

국일 미디어   국일 증권경제연구소   국일아이

4차 산업 혁명 시대, 인공지능 시대를 대비할
600여 가지 진로 직업 체험 학습 만화

미래를 이끌어 갈 인재로 크고 싶은
꿈나무들의 필독서

150만 부
돌파

자유학년제
진로교재
1위

서울교육청
직업체험
추천도서

미래 직업
체험 워크북
특별부록

서울특별시교육청

직업 체험 선정업체

지식경제부 · 국가브랜드위원회 · 한국
디자인진흥원 후원, 머니투데이 주관
'대한민국 브랜드파워 대상' 기업 선정

낱권 정가 12,800원 | 스페셜 20권 세트 정가 256,000원 | 40권 세트 정가 512,000원

제3화

중대한 사안이라도
5분이면 판단한다

답이 나오지 않는 고민이나 문제에 직면하여 이리저리 궁리하고, 이런 저런 방안을 떠올리느라 무의미하게 시간만 흘려보내는 경우가 많습니다. 그 모든 시간이 헛되다고는 할 수 없겠지만 버핏은 결코 그렇게 시간을 낭비하지 않습니다.

버핏에게 시간은 젊은 시절부터 귀하디귀한 자원이었습니다. 버핏의 장남인 하워드(Howard Graham Buffett)에 따르면 버핏은 잔디깎이를 할 줄 모릅니다. 하워드는 버핏이 잔디를 깎거나 울타리를 손보거나 자동차를 세차하는 모습을 본 적이 없어서 어릴 때는 그런 아버지가 못마땅하기도 했다는군요. 그러나 어른이 되어 시간의 가치를 깨닫고 나니 아버지가 왜 그랬는지 이해가 되었다고 합니다.

"아버지에게 시간은 더없이 귀중한 것입니다."*

버핏은 자기 시간의 대부분을 투자에 집중하고 이외의 일에는 시간을 사용하지 않습니다.

투자에 대해 조언해 달라는 의뢰가 빗발쳐도 전부 대답할 순 없다고 잘라 말합니다. 왜냐하면 해야 할 일을 하지 못하게 되기 때문입니다.

게다가 직접 투자할 때도 이것저것 재고 따지며 시간을 낭비하지 않습니다. 이유를 《워런 버핏의 주주총회》에서 이렇게 밝혔습니다.

"아직 판단할 수 없는 건에 골몰하느라 시간을 낭비하는 일은 피하려고 합니다. 판단은 5분이면 할 수 있는 일입니다. 별로 복잡하지 않습니다."

이처럼 버핏은 판단이 빠르기로 유명합니다. 결론이 '노(NO)'라면 상대가 설명하는 도중이어도 이야기를 끊고 거절 의사를 전달하고, '예스(YES)'라면 분석을 심화하지 않고 곧바로 행동합니다. 이것이 버핏의 방식입니다.

중국의 국영기업인 페트로차이나에 투자를 결정했을 때도 버핏은 연차보고서만 읽고 결단을 내렸습니다. 이는 버핏에게 석유 회사에 관한 충분한 지식과 기업 가치를 판단하는 능력이 있어서였는데, 사실 그것은 치밀한 계산이라기보다 대략적인 분석이었습니다.

———

* 《워런 버핏의 말: 세계 최고 투자자의 재치와 지혜》

워런 버핏의 8가지 투자 철학

"분석을 심화할 이유는 없습니다. 주식을 사야 할 때 분석을 심화하는 것은 시간 낭비입니다. 소수점 이하 세 자리까지 계산하는 방식은 좋은 생각이 아닙니다. 당신을 만나러 온 사람의 몸무게가 150kg에서 180kg 사이라면 척 보기만 해도 그가 비만하다는 정도는 알 수 있습니다."*

버핏은 2년 치 연차보고서를 읽고, 자신이 잘 아는 엑손 같은 석유회사와 비교하여 페트로차이나의 가치를 1,000억 달러라고 상정했습니다. 그에 비해 주식시장에서 페트로차이나의 가치는 350억 달러입니다. 기업가치가 이만큼이나 주가를 웃돈다는 사실을 알면 이것저것 조사할 필요가 없습니다. 해야 할 일은 페트로차이나의 주식을 사는 일뿐입니다.

확실히 때에 따라서는 분석이 필요한 경우도 있을 것입니다. 그렇지만 그중에는 꼭 그럴 필요가 없는데도 분석에 시간을 들이느라 모처럼 온 기회를 놓치는 사람과 기업이 있습니다. 성공에 필요한 것은 빠른 판단과 신속하게 행동하는 실행력입니다.

버핏은 기업 매수 제안에도 매우 빠르게 답변합니다. 설명만 듣고 "나머지는 가지고 돌아가서 검토하겠습니다" 하는 성가신 일은 만들지 않습니다. '예스'면 '예스'라고 앉은자리에서 전달합니다. '노'일 경우에도 마찬가지입니다.

많은 사람이 자기 시간은 소중히 여기지만 상대의 시간에는 무신경합

———

* 《워런 버핏의 주주총회》

니다. 상대의 지각에는 엄격하면서 자기는 태연스레 시간을 바꾸거나 지각하는 사람도 있습니다. 혹은 한참 이야기를 들으며 한껏 기대를 부풀려 놓고는 끝내 '노'를 고하는 사람도 있습니다. 상대의 형편을 고려하지 않고 대뜸 전화를 걸어 일방적으로 이야기하는 사람이 있는가 하면, 도통 의도를 알 수 없는 자료를 만들어서 읽는 사람의 시간을 낭비하게 하는 사람도 있습니다.

버핏은 자기 시간을 소중히 여길 뿐 아니라 상대의 시간도 낭비하지 않으려 합니다. 성과를 올리는 사람은 시간이 늘 유한하며 무엇보다 귀하다는 사실을 알고 있습니다.

제4화

운명공동체인 주주를 위한
연차총회라면 시간은 무제한이다

버핏은 시간 낭비를 싫어해서 불필요한 일에는 시간을 쓰지 않지만 해야 할 일에는 충분한 시간을 할애합니다.

앞에서 설명했듯이 버핏은 기본적으로 장기 보유를 지향하고, 스스로 투자한 기업은 가능한 한 오래 보유하고 싶어 합니다. 그렇기에 버크셔 해서웨이의 주주들도 자기와 같은 자세로 주식을 길게 보유해 주기를 바랍니다.

《워런 버핏의 편지》에 보면 버핏이 주주에게 어떻게 말했는지 알 수 있습니다.

"농지나 아파트를 가족과 공동으로 소유하는 경우처럼 '무기한으로 함께하고픈 기업을 부분적으로 소유'한다는, 명확한 이미지를 가져 주십시오."

버핏은 버크셔의 주주가 간단히 주식을 매각하는 것이 아니라 자신의 자금을 버핏에게 위임하고, 장기적인 관점에서 그 결과를 지켜봐 주길 희망했습니다.

"우리는 버크셔의 주주를 '구성원 교체가 잦은 집단의 얼굴 없는 사람들'이 아니라 '자신들의 자금을 우리에게 위임하고, 남은 인생에서 결과를 지켜봐 줄 공동 투자자'라고 생각합니다."

이것은 아버지의 증권회사에서 일하던 시절부터 버핏이 이상적이라고 여긴 투자자와의 관계입니다.

물론 이를 위해서는 버핏을 비롯한 경영진에게도 그에 상응하는 자세가 요구됩니다. 탐욕스러운 경영진은 높은 급여와 상여금을 받고, 스톡옵션으로 자산을 불리려 합니다. 지나친 욕심은 회사의 이익을 감소시키고, 주가 침체를 초래하는 원인이 될 수도 있습니다.

주주를 파트너로 여기는 버핏은 이런 식의 경영을 싫어하여 자신의 자세를 분명히 밝혔습니다.

"버크셔의 주주인 한 이익 측면에서 여러분의 운명은 우리와 똑같습니다. 모두가 괴로울 때는 우리도 괴롭고, 우리가 이익을 누릴 때는 여러분도 똑같이 누릴 것입니다."

버핏과 찰리 멍거는 자산의 대부분을 버크셔 주식으로 보유하고 있습니다. 버크셔에서 높은 급여를 받지도 않습니다. 자산이 어찌 되든 전부 버크셔와 함께한다는 뜻입니다. 주주에게 장기 보유를 바란다면 경영진도 그 신뢰에 걸맞은 경영 자세를 갖추어야 합니다.

주주를 '공동 투자자'로 여기는 버핏은 주주총회도 다른 경영자와는 다르게 바라봅니다. 젊은 버핏에게 주주총회란 경영진의 지도력을 평가하는 자리였습니다. 버핏이 난생처음 출석한 마샬 웰스의 주주총회는 경영진의 무관심함을 아는 기회가 되고 말았다며 《스노볼》에 다음과 같이 밝혔습니다.

"마샬 웰스는 미네소타주 딜루스에 있는 철물 판매업자였다. 나에게는 첫 주주총회였다. 출석하는 주주를 줄이기 위해서였는지 뉴저지주 저지 시티에서 열렸다."

주주총회에 참석한 사람은 몇몇에 불과했습니다. 빈자리에는 주주의 태만과 경영진의 무관심이 가득했습니다. 다만 참가한 주주 가운데 그레이엄-뉴먼에서 일하는 월터 슐로스가 있어서 경영진은 조금 발끈했다고 합니다. 슐로스가 계속 날카로운 질문을 던졌기 때문입니다. 그 덕에 버핏은 유쾌했으나 경영진에게는 불쾌한 주주총회가 되었습니다.

《워런 버핏의 편지》에서 버핏은 "매년 열리는 주주총회의 태반은 주주에게나 경영자에게나 시간 낭비에 지나지 않습니다"라고도 말했습니다. 버핏이 보기에 그 원인은 기업의 본질을 공개하기 싫은 경영진과 자기 의견을 토로하고 싶을 뿐인 주주에게 있습니다. 이런 주주총회는 해도 의미가 없고, 할수록 시간 낭비입니다.

그러나 버크셔 해서웨이의 주주총회는 그것들과 차원이 다릅니다. 버핏의 이야기를 듣기 위해 미국 전역에서, 전 세계에서 사람들이 몰려듭니다. 버핏은 많은 질문에 대답함으로써 주주에게 감사의 뜻을 표합니다.

《워런 버핏의 주주총회》를 보면 시간 낭비를 싫어하는 버핏이지만 주주를 위해서라면 시간제한 없이 답변했다는 것을 알 수 있습니다.

"연차총회란 질문을 위해 마련된 시간과 장소입니다. 찰리와 나는 시간이 얼마나 걸리건 모든 질문에 기꺼이 대답하고 싶습니다."

버핏의 이러한 자세가 주주에게 '버크셔는 매일 확인하지 않아도 불안하지 않은 종목'*이라는 믿음을 주는 것입니다.

---

* 《디어 미스터 버핏》

제5화

책을 읽고, 머리를 쓰고, 조사하는 시간을 매일 갖는다

"사람은 강점으로 무언가를 성취한다."

-피터 드러커, 《프로페셔널의 조건》, 다이아몬드(2000)*

피터 드러커가 한 말입니다. 이 말대로 무언가를 이루려면 자기가 무엇을 잘하고 못하는지 알아야 합니다. 해 봤자 성과를 내지 못하는 활동에 귀중한 시간을 낭비할 순 없으니까요. 버핏은 젊은 시절부터 육체노동과 힘쓰는 일에 젬병이었습니다.

아버지 하워드가 하원의원에 당선되어 버핏 일가가 워싱턴 D.C.로 이사했을 때, 도시 생활에 적응하지 못한 버핏이 꾀병을 부려서 혼자 오마

---

* 한국어로 번역 출간된 도서의 정보는 다음과 같다. 피터 F. 드러커, 《프로페셔널의 조건》, 이재규 역, 청림출판(2013).

하의 할아버지 집으로 돌아갔다는 일화는 앞에서도 이야기했지요.

버핏의 할아버지 어니스트는 "일하고 또 일해야 한다"라는 사고방식의 소유자로 돈에 엄격했습니다. 어린 버핏이 항상 돈 벌 궁리를 하는 것을 흐뭇해 하고, 버핏이 '세상에 공짜 점심이 있다는 어리석은 생각을 하지 않도록' 휴일에도 당연히 일해야 한다고 여겼습니다. 그래서 버핏은 주말이 되면 할아버지가 운영하는 식료품점 '버핏&선'에서 온갖 잡일을 해야 했습니다. 가장 힘들었던 일은 눈보라 치는 날 친구인 존 파스칼과 했던 제설 작업이었습니다. 가게 앞길과 뒷길, 창고와 차고 주변에 쌓인 30cm가 넘는 눈을 다섯 시간에 걸쳐 치웠건만 할아버지는 둘에게 쥐꼬리만한 수당밖에 주지 않았습니다.

버핏은 노예가 된 기분을 맛보았으나 이때의 경험에서 '거래의 상세한 내용은 미리 결정해 둬야 한다*라는 값진 교훈을 얻습니다. 자신의 경험에서 언제나 어떤 교훈을 습득하는 태도는 젊은 날 버핏의 특징이었습니다.

훗날 싱클레어의 주유소를 샀을 때도 버핏은 매상을 늘리고자 육체노동에 힘썼습니다. 하지만 아무리 노력해도 이웃한 텍사코 주유소를 이길 수 없어서 2,000달러(버핏의 복리식 사고를 적용하면 60억 달러)의 손실을 보고 말았습니다.

육체노동을 싫어하고, 육체노동으로 이렇다 할 성과를 낸 적이 없는 버핏에게 투자는 적성에 딱 맞는 일이었습니다. 벤저민 그레이엄은《현명한 투자자》에서 다음과 같이 말했습니다.

———

* 《스노볼》

"투자자가 기대할 수 있는 수익률은 대체로 투자 위험을 얼마나 각오했느냐에 비례한다는 인식이 일반적인데, 우리의 인식은 다르다. 기대 수익률은 투자자가 투자를 위해 자발적으로 얼마만큼의 지적 노력을 쏟을 수 있느냐에 달렸다."

그레이엄은 또 이렇게 단언합니다.

"최대한의 이익을 얻을 가능성이 있는 투자자는 최대한의 지성과 기술을 구사하는 신중하고 적극적인 투자자다."

즉, 투자자가 갖춰야 할 것은 두려움을 모르고 투자 위험을 불사하는 태도도, 오로지 원금의 안전만을 바라는 태도도 아닙니다. 투자자는 자신이 가진 지성의 한계를 다해 생각하고 신중하되 적극적으로 투자할 줄 아는 사람이어야 합니다. 육체노동이 아닌 지적 노력이 필요한 투자는 그야말로 버핏에게 안성맞춤이었습니다.

맹렬한 독서가로도 널리 알려진 버핏의 독서 수준은 보통이 아닙니다. 오마하 도서관에 비치된, 제목에 '금융'이라는 단어가 들어간 모든 책은 열 살 때 이미 두 번씩 읽었습니다.

《워런 버핏의 주주총회》에도 버핏이 어려서부터 손에 들어오는 책은 전부, 관심이 가는 책이라면 뭐든 여러 번 읽었다고 말하고 있습니다. 이런 독서 습관은 이후로도 쭉 이어집니다.

"소년이 플레이보이 잡지를 탐독하듯이 나는 상장 기업의 재무제표를 탐독합니다."[*]

이것이야말로 버핏이 투자를 지탱하는 습관입니다.《워런 버핏의 주주총회》를 보면 버핏이 책읽는 것을 얼마나 중요하게 생각했는지 알 수 있습니다. 버핏은 "투자자로서 성공하려면 무엇을 해야 합니까?"라는 질문에 이렇게 대답합니다.

"손 닿는 대로 읽어야 합니다."

인터넷으로 얼마나 많은 정보가 들어오든 월가에서 얼마나 많은 정보가 발신되든 버핏과는 상관없는 일입니다.

"투자는 힘을 쓰는 일이 아니다. 남들보다 몇 배는 읽고 생각해야 한다."

버핏에게 시간은 '매일 몇 시간씩 읽고, 생각하고, 관심 가는 기업을 조사하고, 판단하고, 행동하기' 위한 자원입니다.

———

[*] 《디어 미스터 버핏》

228   워런 버핏의 8가지 투자 철학

Buffett's Memo

- 버핏은 뉴욕에서 멀리 떨어진 오마하에 살았고, 브리지 게임을 할 때 외에는 컴퓨터를 사용하지 않는다.

- 다른 회사에서는 100명이 운용할 규모의 자금을 단둘이서 운용한 적이 있다.

- 생활에서 낭비하는 시간을 없애고, 그리하여 생긴 시간을 해야 할 일에 쓴다.

- 자신의 시간뿐만 아니라 상대의 시간도 소중하게 여긴다.

철학8

버핏의 자기 수양

좋은 인생은
'돈으로는
살 수 없다'

성공도 행복도 하루아침에
이루어지지 않는다

성공이나 행복을 손에 넣고 싶다면 스스로 신념을 세우고, 그것을 관철하라. 스스로 원칙을 세우고, 그것을 고수하라. 이상을 위해 노력을 아끼지 마라.

투자의 세계에는 1929년 대공황의 방아쇠를 당겼다고도 평가되는 '월가 전설의 투기왕' 제시 리버모어라든가 '영국 은행을 때려눕힌 남자'라고 불리는 조지 소로스 등 유명한 투자자며 투기꾼이 여럿 있습니다. 그런데 이들은 투자업계에서나 유명인이지, 투자에 관심이 없는 사람에게는 거의 무명인이나 다름없습니다.

그에 비해 워런 버핏은 '세계 제일의 투자자', '오마하의 현인'으로 불리며 투자업계 아닌 분야에서도 강한 영향력을 끼치고 있습니다.

뉴스가 되는 이야기는 대부분 투자와 관련되어 있으나 버핏이 후계자를 지명하면 그 소식이 전 세계에 뉴스로 전달될 만큼 버핏의 발언은 많은 사람에게 큰 의미를 지닙니다.

물론 버핏도 처음부터 그런 존재는 아니었습니다. 버핏이 아버지의 증권회사에서 일하던 무렵에는 아무리 좋은 조언을 건네도 진지하게 들으려는 사람이 없고, "아버지는 뭐라고 하시던가?"라는 질문을 받았습니다. 반면 지금은 버핏의 이야기를 들으려는 사람들이 버크셔 해서웨이의 주주총회에 구름처럼 몰려들어서 한마디도 놓치지 않으려 귀를 쫑긋 세웁니다.

이것을 보고 '저 사람은 세계 제일의 투자자니까'라고만 생각하는 사람에게는 아무런 배움이 없습니다. 사람은 성공한 다른 사람을 볼 때 그 과정은 무시하는 경향이 있는데, 당연하지만 버핏도 하루아침에 세계 제일의 투자자가 되지는 않았습니다.

버핏은 좋은 습관을 익히고, 꾸준히 원리 원칙을 관철하고, 일찍부터 자신을 갈고닦는 노력을 아끼지 않았기에 성공을 거두었습니다. 버핏이 성공하기 위해 어떤 식으로 배우고, 자기를 갈고닦아 왔는지 안다면 투자뿐만 아니라 사람으로서 살아가는 데 큰 도움이 될 것입니다.

성공해서 다른 사람에게 질투를 사는 게 아니라 오히려 존경받으려면 성공에 상응하는 인물이어야 할 필요가 있습니다. 마지막 장에서는 버핏의 '자기 수양'에 대해 살펴보도록 하겠습니다.

제1화

버핏은 사람들 앞에서
이야기하는 데 서툴렀다

지금이야 버핏이 말하는 한마디 한마디가 대중의 이목을 끌고, 버핏의 편지를 읽는 사람도 수두룩하지만 사실 버핏은 말재주를 타고나지는 않았습니다. 처음부터 글솜씨가 뛰어난 것도 아닙니다.

컬럼비아 대학 대학원 시절, 대인관계에 서툰 자신을 염려했던 버핏은 9세 때부터 애독한 데일 카네기의 화술을 배우고자 100달러짜리 수표를 주머니에 넣고 강좌를 신청하러 갔다가 포기한 적이 있습니다. 수표를 건네고 보니 기가 죽어서 결제를 포기한 것입니다.

그러나 남들 앞에서 이야기하기가 아무리 두려워도 언젠가는 해야만 한다는 것을 버핏이 모를 리 없었습니다. 대학 졸업 후 오마하에서 다시 카네기 강좌의 광고를 발견한 버핏은 이번에는 현금으로 100달러를 준비하여 강사에게 직접 건넴으로써 자신을 '물러설 수 없는 상태'로 몰아넣었습니다.

강좌에는 약 30명이 참가했습니다. 연설 참고서를 받고, 매주 연설하는 훈련을 했는데 효과는 즉각적이었습니다.

"관건은 자신의 내면을 끄집어낼 수 있게 되는 것이다. 누군가와 5분간 대화할 수 있는데, 어째서 남들 앞에서 얼어붙는가? 이 부분을 극복하는 심리적인 요령을 배웠다. 반복훈련도 그중 하나로 한결같이 연습했다. 모두가 서로 도왔고, 그게 효과가 있었다. 이것은 내가 딴 학위 중에서 가장 귀하다."*

이윽고 버핏은 오마하 대학 야간과정에서 학생들을 가르치게 되고, 사람들이 오직 버핏의 이야기를 들으러 모여드는 수준의 달인으로 거듭납니다. 다른 사람들 앞에서 이야기하는 학위는 버핏에게 확실히 100달러를 훨씬 웃도는 가치를 갖게 되었습니다.

그럼 글쓰기는 어떨까요? 버핏은 글을 쓸 때 '비즈니스를 잘 모르는 사람이 읽어도 이해할 만한가'에 유의합니다. 자신이 정확하게 이해한 내용이라면 누구에게나 쉽게 전달할 수 있다고 여기는 까닭입니다.

이처럼 탁월한 의사소통 능력은 버핏이 지닌 매력 중 하나입니다. 이것들을 익히기 위해 버핏은 살면서 '자기 자신에게 하는 투자'를 중시했습니다.

———

* 《스노볼》

버핏이 어릴 적부터 부자가 되고 싶어 한 이유는 '그러면 자립할 수 있다. 자기 인생에서 하고 싶은 일이 가능해진다'라고 생각했기 때문입니다.* 버핏은 남에게 이래라저래라 지시받지 않고 '자신을 위해 일하는 게 제일'이라고 여겼습니다. 당시 컬럼비아 대학의 다른 동기들은 하나같이 졸업하면 GM이나 US스틸 같은 인기 기업에 취직하기를 원했는데, 그것은 자신을 위해 일하는 게 제일이라는 버핏의 가치관과는 어긋나는 길이었습니다.

버핏과 똑같은 사고방식을 가지고, 훗날 버핏의 가장 좋은 동료가 되는 인물이 찰리 멍거입니다. 멍거는 미시간 대학에 입학하여 수학을 전공했으나 머지않아 벌어진 태평양 전쟁과 동시에 군에 입대합니다. 입대 후 기상학을 배우고자 캘리포니아 공과대학에 들어가 기상예보관으로 지내다가 제대하고 나서 하버드 대학 로스쿨에 진학합니다. 로스쿨을 졸업한 뒤에는 변호사 사무소를 개업합니다. 수재였습니다. 그렇지만 변호사만으로 만족하지 못한 멍거는 부동산 개발 등 투자에도 손을 대기 시작했고, 곧 버핏과 만나 파트너로서 활동하게 됩니다.

멍거는 왜 부자가 되고 싶었을까요? 《그래, 맞아!: 무대 뒤의 억만장자 찰리 멍거》를 보면 그 이유를 이렇게 말하고 있습니다.

"페라리가 갖고 싶지는 않았다. 그저 자립하고 싶었다. 마음 깊이 그것

---

* 《스노볼》

을 원했다."

　그렇기에 멍거는 노력을 아끼지 않았습니다. 자식들에게 '걸어 다니는 책'이라 불릴 정도로 책을 읽으며 끊임없이 배웠습니다. 멍거의 이러한 노력을 버핏은 높이 평가합니다.

　"멍거는 생각했다. '나에게 가장 중요한 고객은 누구일까? 바로 나 자신이다.' 이를 확신한 멍거는 매일 한 시간씩 자신을 위해 일하기로 마음먹었다. 그리고 이른 아침에 시간을 마련해서 건설이나 부동산 개발과 관련된 일을 했다. 누구든지 이것을 배워야 한다. 먼저 자기 자신이 고객이 되고, 그다음에 타인을 위해 일해야 한다. 하루 한 시간을 자신에게 할당해야 한다."*

　자신에 대한 투자를 아끼지 않고 배움을 지속하는 것이야말로 버핏과 멍거에게 공통되는 성공 법칙입니다.

———
*　《스노볼》

　　　　　　　　　　　　　워런 버핏의 8가지 투자 철학

제2화

급여에 연연하지 말고
자기보다 뛰어난 사람,
존경하는 사람과 함께 일한다

버핏은 "어떤 곳에서 일하면 좋을까요?"라는 학생들의 질문에 매번 이렇게 대답합니다.

"자기가 가장 존경하는 사람 밑에서 일하세요."*

실제로 버핏은 지금까지 그렇게 살아왔습니다. 컬럼비아 대학 대학원을 졸업한 버핏은 동기들처럼 대기업 취직을 바라지 않고, 가장 존경하는 사람의 회사에서 일하기를 원했습니다. 경애하는 벤저민 그레이엄의 회사인 그레이엄-뉴먼에 입사하고 싶어 했지요.

버핏은 그레이엄의 애제자라고 불릴 만한 존재일뿐더러 버핏 말고는

---

* 《워런 버핏의 말: 세계 최고 투자자의 재치와 지혜》

A+를 받은 학생이 아무도 없었기에 자기가 고용될 줄로만 알았습니다. 하지만 버핏이 "무급이어도 좋다"고까지 말했음에도 그레이엄은 버핏을 받아주지 않았습니다. 능력이 없어서는 아니었습니다. 버핏에게는 그레이엄-뉴먼에서 마음껏 일할 자신이 있었고, 그레이엄도 버핏의 능력을 인정했으니까요. 하지만 '그레이엄-뉴먼은 유대인만 고용한다'라는 이유로 버핏의 바람은 이루어지지 못했습니다.

버핏은 낙담했으나 그레이엄 밑에서 일할 수 없다면 또 다른 존경할 만한 사람의 회사에서 일하기로 마음을 고쳐먹습니다. 버핏은 고향 오마하로 돌아가 아버지 하워드의 회사에서 일하기를 희망했습니다.

하워드는 버핏에게 오마하보다 큰 지역의 명문 증권회사에서 일하기를 권유했지만 버핏의 의지는 더없이 굳건했습니다.

"나는 아버지의 회사가 아닌 곳에서는 일하고 싶지 않았다."*

그렇다고 버핏이 그레이엄 밑에서 일하겠다는 꿈을 포기한 것은 아니었습니다. 버핏은 아버지 회사에서 일하면서도 뉴욕에 뻔질나게 드나들며 그레이엄을 만나려 했고, 주식에 관한 아이디어도 수시로 작성하여 보냈습니다. 그리하여 결국 그레이엄의 허락을 얻어낸 버핏은 1954년, 뉴욕으로 가 정식으로 입사합니다. 버핏에게는 실로 가슴 벅찬 사건이었습니다.

---

* 《스노볼》

입사에 앞서 버핏은 급여가 얼마인지조차 듣지 못했습니다. 월말에 급여를 받고 나서야 액수를 알게 됐는데, 그런 건 아무래도 좋았습니다.

버핏은 일찍부터 돈벌이를 시작했고, 주식 투자로 충분한 돈을 벌었습니다. 돈보다는 존경하는 사람이 있는 곳에서, 좋아하는 일을 하는 것이 버핏에게는 옳은 일이었습니다. 버핏은 이런 경험을 바탕으로 학생들에게 조언을 건넵니다.

"자신이 영웅이라고 부를 수 있는 인물을 가지세요."*

영웅의 삶과 생각을 배우고, 영웅과 함께 일할 수 있다면 사람은 틀림없이 성공을 향해 나아갑니다. 만약 주위에 영웅이 없다면 책에서 찾아봐도 좋습니다. 자기만의 '마음속 영웅'을 갖고, '이럴 때 그 사람은 어떻게 할까?'를 생각해 보세요.

그렇다면 영웅 이외의 사람과 일할 경우에는 어떻게 될까요? 버핏은 '자기보다 작은 사람을 고용하면 회사도 작아진다. 자기보다 큰 사람을 고용하면 회사도 커진다'라고 생각합니다. 회사를 맡길 요량이라면 존경할 수 있는 사람, 신뢰할 가치가 있는 사람에게 맡겨야 합니다. 훼방꾼과 엮이면 사업이 제대로 굴러가지 않습니다.

컬럼비아 대학 대학원을 졸업하고 고향 오마하로 돌아간 버핏은 몇 주

---

* 《버핏&게이츠 후배와 이야기하다》

간 주방위군으로서 병역의무를 다하기 위해 위스콘신주 라크로스의 훈련장에 들어갔습니다. 주위에서는 하원의원의 자식인 버핏에게 의문의 눈길을 보냈으나 버핏은 채 1시간이 지나기 전에 모두의 동료가 되었다고 합니다. 바깥에서 무엇을 했든 그곳은 모두가 너나없이 만화를 읽고, 네 개의 어휘만 사용하는 세계였습니다. 《스노볼》에서 버핏은 그동안의 경험을 통해 아래와 같이 생각하게 되었다고 말합니다.

"자기보다 뛰어난 사람과 어울리는 편이 낫다는 점을 배웠다. 그러면 나도 조금이나마 향상된다. 자기보다도 못난 인간과 어울리면 조만간 굴러떨어진다. 지극히 단순한 시스템이다."

사람은 좋든 싫든 환경에 물듭니다. 영 좋아지지 않는 사람이나 존경할 수 없는 사람과 같이 일하면 정신적으로 괴로울 뿐 아니라 자신의 가치를 깎아내리게 될지도 모릅니다. 일할 사람을 선택할 때는 결혼 상대를 찾는다는 마음으로 임해야 하며, 그것을 게을리하면 순식간에 추락하게 된다고 버핏은 생각합니다.

　　　　　　　　　　　워런 버핏의 8가지 투자 철학

제3화

성공을 응원하는 사람들을
끌어모으는 인물이 된다

"질투를 피하는 최선책은 성공에 걸맞은 인물이 되는 것이다."*

이 말은 찰리 멍거가 즐겨 하는 말입니다.

성공하려면 당연히 성공을 목표로 노력해야 하지만 아무리 애를 써도 혼자서는 좀처럼 일이 풀리지 않는 경우가 많습니다. 성공하고자 한다면 성공을 끌어당길 수 있고, 성공을 응원해 주는 이들에게 둘러싸일 만한 사람이 되는 노력도 필요합니다.

성공하기 위해서는 우선 성공에 걸맞은 인간이 되어야 한다는 것이 멍거와 버핏의 견해입니다. 버핏에 따르면, 성공은 학업 성적도 집안도 경영대 학위도 아니고, 일을 시작한 나이와 관계가 있다고 합니다.

---

* 《그래, 맞아!: 무대 뒤의 억만장자 찰리 멍거》

버핏 자신도 겨우 여섯 살 때 조그만 사업을 시작했고, 열한 살에 처음으로 주식 투자를 실행했습니다. 그래서 버핏은 눈덩이는 되도록 빨리 굴리기 시작하는 편이 좋다고 여기게 되었습니다. 빨리 시작하면 그만큼 오랜 시간을 들여 눈덩이를 키울 수 있기 때문입니다. 또한 눈덩이를 키우려면 그럴 만한 사람이 되어야 한다고도 조언합니다.

"뭉치기 적당한 눈이 있으면 눈덩이는 반드시 커진다. (중략) 돈을 복리로 불리는 원리만을 이야기하는 게 아니다. 이 세상을 이해하고, 어떤 친구들을 사귀는가의 측면에서도 그러하다. 시간을 들여 선택해야 하고, 그에 걸맞은 사람이 되어야 눈이 잘 뭉쳐진다."*

뛰어난 사람과 일하면 뛰어난 일을 할 수 있고, 어리석은 사람과 일하면 인생에서 추락하며, 훼방꾼과 일하면 불행한 결말이 찾아옵니다.

어느 날, 버핏은 알고 지내는 컨설턴트에게 다음과 같은 조언을 했습니다.

"상대하기 힘든 사람과는 거래하지 않아도 된다네. 그래도 해나갈 수 있거든. 세상에는 거래 상대가 되어 줄 사람이 얼마든지 있어. 자신의 컨설팅 서비스가 가진 가치를 인정하지 않는 사람들을 위해 귀중한 시간을 허비할 필요는 없지."**

———

* 《스노볼》
** 《디어 미스터 버핏》

워런 버핏의 8가지 투자 철학

이 말대로 버핏은 좋아할 수 없거나 존경할 수 없는 사람과는 대화하고 싶지도, 함께 일하고 싶지도 않다는 뜻을 실천하되 자신에게 소중한 사람과의 관계는 귀히 여깁니다. 그것은 버핏에게 돈벌이 이상으로 중요한 일입니다.

"우리는 경제학에서 말하는 순수한 경제적 동물이 아닙니다. 그렇다 보니 경제적인 성과가 다소 나빠질 때도 있지만 설령 그러할지라도 지금의 방식이 낫다고 생각합니다. 매상이나 이익을 좀 불리려고 허물없는 동료며 존경하는 사람, 유쾌한 사람과의 인연을 차례차례 끊어 버리는 사람들이 있는 모양인데, 그렇게 해서 부자가 된들 무슨 의미가 있겠습니까. 우리도 성과는 좋은 게 제일이라고 여기지만 그것을 지상과제로 삼을 마음은 전혀 없습니다."*

이 말이 단순한 겉치레가 아니라는 사실은 "워런은 고의로 돈벌이를 억제해 왔다"라는 멍거의 말에서 명확하게 드러납니다.

멍거는 말했습니다. 버핏이 투자 수익을 냉철하게 계산해서 관계자의 사정 따위는 무시하고 버크셔 해서웨이가 소유한 회사를 매매한다거나 매수의 제왕이 될 수 있었는데도 결코 그러지 않았다고요.

"요컨대 그런 일은 원하지 않았다. 워런은 경쟁력이 강했지만 도덕심

---

* 《워런 버핏의 말: 세계 최고 투자자의 재치와 지혜》

없이 노골적으로 힘을 과시한 적은 단 한 번도 없었다. 인생을 일정한 방식으로 살아가고 싶어 했고, 그것이 공적인 기록이 되어 공적인 자리로서 교단을 대비했다. 이런 방식이었기에 워런의 인생이 성공적으로 풀렸다고 말하고 싶다."*

성공하려면 성공에 상응하는 인간이 되어야만 합니다. 성공담에는 종종 권력 과시라든가 배신 같은 행위가 따라붙는다지만 버핏은 때때로 돈보다 인간관계와 신뢰를 중시함으로써 성공했습니다. 그랬기에 이토록 큰 성공을 거두고 현인으로서 존경받는 것입니다.

눈을 잘 뭉치려면 그에 걸맞은 인간이 되는 노력이 필요하다는 점을 버핏의 인생은 가르쳐 줍니다.

---

* 《스노볼》

아무리 돈을 많이 벌어도
사랑받지 못하는 인생은 공허하다

인생의 성공은 무엇으로 평가할 수 있을까요? 세상에는 얼마나 높은 지위에 올랐느냐 혹은 얼마나 많은 돈을 소유했느냐로 성공의 정도를 측정하는 사람도 있고, 애플의 또 다른 창업자 스티브 워즈니악이 말했듯이 "인생에서 얼마나 웃을 수 있는가"와 같은 행복도를 성공의 기준으로 삼는 사람도 있습니다.

버핏이 어느 파티에 참석했을 때, 얼큰하게 취한 여성이 버핏에게 다가와 이렇게 속삭였습니다.

"어머, 신기해라! 돈이 주렁주렁 열리는 나무가 걷고 있네요."

이 말이 칭찬인지 아닌지는 몰라도 확실히 버핏은 세계 유수의 자산가로서 대중으로부터 선망과 호기심 어린 눈길을 받는 인물입니다. 그

여성이 사라진 뒤 버핏은 기자에게 말했습니다.

"벌어들인 돈의 크기로 내 인생을 평가할 마음은 없습니다. 그러는 사람도 있겠지만 나는 절대 아닙니다."*

얼마나 버는가를 목적으로 삼으면 위험한 문제에 직면하고야 만다고 여기는 버핏에게 성공의 척도는 돈도 명예도 아닌 '주변 사람에게 사랑받는가'입니다. 버핏은 자신과 동년배인 사람을 보면 크게 두 부류로 나뉜다고 말합니다. 한 부류는 나이가 들었을 때, 가족과 동료 등 자신을 사랑해 주는 사람이 주변에 있어서 예외 없이 "인생은 성공했다"라고 말합니다. 다른 한 부류는 자기 이름이 붙은 학교나 병원을 가졌는데도 그에게 마음을 쓰는 사람이 아무도 없고, 본인도 그것을 알아서 "인생이 허무해졌다"라고 말합니다.

'석유왕'이라 불린 미국의 사업가 존 록펠러는 젊어서부터 '돈, 돈, 돈'거리며 돈벌이에 전력을 쏟았습니다. 결과적으로 그는 거대한 재단을 만드는 데 성공했으나 다른 사람들에게는 사랑을 받지 못했습니다. 그러다 병이 들었는데 그 때 깨달은 바가 있어 자선사업에 힘쓰게 되었습니다. 그 후 록펠러는 사람들의 존경을 받게 되었고 행복한 인생을 보냈습니다.

---

* 《워런 버핏의 말: 세계 최고 투자자의 재치와 지혜》

버핏에게 성공이란 무엇일까요? 《워런 버핏의 말: 세계 최고 투자자의 재치와 지혜》를 보면 그 답을 알 수 있습니다.

"아주 평범한 일을 한다거나 형편이 풍족하지 못하더라도 주위 사람에게 사랑받는 사람은 큰 성공을 느낍니다."

한번은 학생들이 버핏에게 "가장 큰 성공과 가장 큰 실패는 무엇입니까?"라는 질문을 던졌습니다. 이에 버핏은 그것을 측정하는 잣대는 자산의 크기가 아닌 '사랑'이라고 이야기했습니다.

"나 정도쯤 나이를 먹으면 자기가 사랑받고 싶은 사람 중에서 실제로 몇 명에게 사랑받고 있는지가 인생의 성공을 진정으로 측정하는 잣대가 된다."

"인생의 목적은 자기가 사랑받고 싶은 사람 중에서 한 명이라도 더 많은 사람에게 사랑받는 것이다."*

일찍이 어느 유명인이 "돈으로 살 수 없는 건 아무것도 없다"라고 장담했습니다. 버핏도 "돈으로 손에 넣을 수 있는 것은 많다"고 말합니다. 성공을 치하하는 만찬회를 열 수도 있고, 기부금을 내서 자기 이름을 붙

---

* 《스노볼》

인 병원이나 대학 교실을 만들 수도 있습니다. 자기를 찬양하는 자서전도 돈이 있으면 발행할 수 있습니다.

그러나 딱 하나, 사랑만큼은 돈으로 살 수 없습니다. 100만 달러어치 사랑을 사고 싶다고 말해도 진실한 사랑을 손에 넣지는 못합니다.

막대한 자산을 가졌지만 세상 누구에게도 사랑받지 못하는 것만큼 슬픈 일은 없으며, 그런 인생은 대실패라고 버핏은 생각합니다.

사랑을 받기 위해서는 돈을 버는 일과는 다른 노력이 필요합니다. 이와 관련하여 버핏은 《스노볼》에서 "사랑을 얻으려면 사랑하는 사람이 되어야 한다. (중략) 사랑은 주면 줄수록 받을 수 있다"라고 말한 바 있습니다.

버핏은 열렬한 프러포즈로 수잔 톰슨과 맺어졌으나 일밖에 모르고 살다가 당시 45세였던 아내를 다른 곳으로 떠나보내는 괴로운 경험을 했습니다. "그래서는 안 됐다. 내가 저지른 가장 큰 잘못이다"라고 한탄했습니다. 버핏은 사랑을 중시했지만 그에게 사랑은 어려운 존재였습니다.

제5화

명성은 위험하지만 신뢰는 평생에 걸쳐 쌓을 가치가 있다

버핏이 직접 투자하고 이사로도 근무하는 살로몬 브라더스가 국채 부정입찰로 생사의 갈림길에 처했을 때, 재건의 선두에 선 버핏은 그야말로 진군하는 장군과 같았습니다. 성공하면 영웅이 되겠지만 만일 실패한다면 장기간에 걸쳐 쌓은 명성이 땅에 떨어질 텐데, 그럴 확률이 너무나 높았습니다.

버핏의 명성이 높아지는 데는 긴 시간이 걸렸습니다. 1969년 《포브스》에 실린 〈오마하는 어떻게 월가에 완승했나〉라는 기사의 첫머리는 이러한 내용이었습니다.

"1957년에 버핏의 회사에 투자한 1만 달러는 지금 26만 달러가 되었다."

12년간 한 번도 손실을 내지 않고 연 31%의 복리로 성장한 버핏의 회사가 큰 주목을 받으면서 버핏은 투자업계의 유명인이 되었습니다. 워싱턴 포스트와 살로몬 브라더스의 이사직을 맡고 나서는 오마하의 투자자에서 미국을 대표하는 투자자 중 한 사람이 되었습니다.

한편 드높은 명성을 얻은 버핏은 명성이란 위험한 것임을 알고 있었습니다.

"명성을 높이는 데는 평생이 걸리지만 무너뜨리는 데는 5분조차 걸리지 않는다."*

버핏은 젊은 시절부터 스스로 정직함을 견지해 왔습니다. 정직한 태도는 버핏이 관철하는 원칙 중 하나로 버핏은 이것을 거짓말과 눈속임, 발목 잡기가 일상이 된 살로몬 브라더스에 이식하고자 했습니다. 회의에서 바른말을 마치고 회사로 돌아오면 사원들에게 편지를 써서 위법 행위와 반윤리적 행위를 모두 보고하라고 요구했습니다. 심지어 편지에 자택 전화번호를 명기한 뒤 '의문이 들 때는 나에게 전화할 것'이라고도 덧붙였습니다.

버핏은 살로몬 브라더스뿐만 아니라 버크셔 해서웨이에서도 '신문 1면 테스트'라는 원칙을 무척 중요하게 여깁니다.

———

* 《스노볼》

"자기가 계획하는 일이 이튿날 아침 지방지 1면에 정확하고 비판적으로 실린다면, 그 기사를 배우자나 자식이 혹은 친구가 읽길 바라는지 아닌지 모든 사원이 자문했으면 한다."*

버핏이 버크셔 해서웨이 사원에게 요청한 사항은 '초일류의 방식으로 일하기'입니다. 버핏은 사원 한 사람 한 사람이 '준법 감시인'이라는 자각을 갖고 규칙에 반하는 행위를 일절 삼가야만 회사의 명예와 신뢰를 지킬 수 있다고 생각합니다. 규칙에 아슬아슬하게 걸쳐서도 안 됩니다. 왜냐하면 장기간에 걸쳐 축적한 명성과 신용도 단 한 번의 1면 기사로 와르르 무너지기 때문입니다.

이처럼 회사가 저지른 죄를 감추는 것이 아니라 전부 정직하게 밝히고, 사원에게 엄격한 규칙을 부과함으로써 버핏은 살로몬 브라더스에 새로운 길을 제시했습니다. 이토록 정직하고 고결한 버핏의 태도는 결과적으로 버핏의 명성을 더욱 드높였습니다. 명성을 잃을 각오로 지휘관을 맡아 선두에 선 버핏은 저명한 투자자에서 영웅이 되었습니다.

마지막으로 버핏이 중시하는 명성 유지책이 하나 더 있습니다. 1층에서 100층 꼭대기까지 올라간 사람이 왕왕 느끼는, 98층으로 돌아갔을 때 느끼는 불만을 억누르는 것입니다. 예컨대 대기업 CEO였던 사람이 자리에서 내려왔다면 언제까지고 100층에 있는 기분으로 거만하게 군다거나

---

* 《스노볼》

비판에 화를 내서는 안 됩니다. 그는 《스노볼》에서 이렇게 말합니다.

"가족이 있고, 건강하고, 세상에 도움이 될 수 있는 상태라면 이러쿵 저러쿵 하소연할 게 아니라 매사에 감사하는 것이 마땅합니다."

어떤 성공을 거두었든 사람은 언젠가 나이를 먹고, 때로는 병에 걸려서 자리를 떠나야 하는 순간이 옵니다. 그때도 과거의 영광을 돌아보기보다는 앞을 바라보며 최선을 다하면 된다는 것이 버핏이 생각하는 멋지게 나이 드는 법입니다. 그것이 가능해야 비로소 타인에게 사랑받고 신뢰받는 사람으로 지낼 수 있습니다.

워런 버핏의 8가지 투자 철학

Buffett's Memo

- 지금은 세계인이 버핏의 이야기에 귀를 기울이지만 버핏도 옛날에는 사람들 앞에서 이야기하는 데 서툴렀다.

- 현실에서든 책 속에서든 자신의 영웅을 갖는 것이 중요하다.

- 때로는 돈보다도 신뢰와 인간관계를 중요하게 여긴다.

- 과거의 영광에 머무르기보다 한 발짝 앞으로 나아가는 인생이 행복하다.

255

가치를 높였기에
가격도 높아지는 삶의 방식

워런 버핏에 관해 이야기할 때는 아무래도 버핏이 벌어들인 돈과 100조 원이 넘는 막대한 자산에 관심이 가기 쉽습니다. 물론 그것은 탁월한 성과입니다. 하지만 진짜 주목해야 할 부분은 이같은 가격(금액)이 아니라 가치이지 않을까, 하는 것이 오랫동안 버핏을 연구해 온 저의 생각입니다.

버핏은 6세 때 작은 사업을 시작하고, 11세 때 첫 주식 투자를 실행하는 등 어려서부터 돈을 불리는 일에 열중했을 뿐 아니라 수많은 책을 읽고, 좋은 습관과 원리 원칙을 습득하려 애썼습니다.

버핏의 파트너인 찰리 멍거에 따르면, 성공한 사람은 주위의 질투나 원한을 사지 않기 위해서 성공에 걸맞은 사람이 될 필요가 있는데, 버핏은 긴 시간을 들여 성공에 걸맞은 사람이 되려고 노력했다고 합니다. 그랬기에 막대한 부를 손에 넣고, 나아가 '오마하의 현인'이라 불리는 위인이 될 수 있었습니다.

이 책에서 서술했다시피 버핏은 투자할 때 가격이 아닌 가치를 보고, 둘 사이에 큰 차이가 벌어졌을 때야말로 투자할 기회라고 여깁니다. 그 배경에는 가격은 주식시장의 동향에 따라 오르내리지만 가치는 시대가 어떻게 달라지든 흔들리지 않는다는 사고방식이 깔려 있습니다.

요컨대 기업에 중요한 것은 가격보다 가치이며, 가치를 높이기 위해 아낌없는 노력을 기울이는 기업은 이윽고 그에 상응하는 가격에 다다릅니다. 이는 버핏의 사고방식과 일맥상통합니다.

버핏은 어린 시절부터 가격을 올리는 일에 몰두하는 것 이상으로 사람으로서의 가치를 높이는 일에 노력을 아끼지 않았습니다. 그리하여 그 가치에 상응하는 가격을 손에 넣었습니다.

부자가 되고 싶고, 성공하고 싶다는 생각 자체는 많은 사람에게 당연하고 또 건전한 바람입니다. 다만 그러려면 숫자에 혹해서 싼값에 달려드는 게 아니라 '나'라는 인간을 꾸준히 갈고닦아야 합니다. 그 사실을 저는 버핏을 보며 깨달았습니다. 이 말은 노력만 하면 누구나 큰돈을 벌고, 크게 성공한다는 뜻은 당연히 아닙니다. 그러나 가치를 높이는 노력만 아끼지 않는다면 사람은 계속 성장하고, 인간적으로 풍요로운 인생을 보낼 수 있습니다.

오늘날 우리가 버핏에게서 배워야 할 점은 '가치를 높였기에 가격도 높아지는' 삶의 방식입니다. 투자로 치면 매일 요동치는 주가에 휘둘리기보다는 '장기적 관점에서 상황을 보고', '주가보다 기업의 가치를 보는' 사고방식이겠지요.

버핏은 이미 90세를 넘긴 사람이지만 앞으로도 그가 어느 기업에 투자할지, 그의 일거수일투족은 변함없이 관심을 끌어모을 것입니다. 그는 투자와 관련된 모습 외에도 배울 점이 많습니다. 버핏이라는 인물의 삶과 철학을 배우는 것은 장차 우리가 어떻게 일하며 살아갈지를 헤아리는 데 자극적이고 유의미한 체험이 되리라 생각합니다. 그 체험에 이 책이 도움이 된다면 더없이 행복하겠습니다.

책을 집필하면서 제가 이제껏 애독해 온 수많은 버핏 관련 도서를 참고하고, 이곳저곳 인용했습니다. 어느 책이나 일독할 가치가 있는 역작입니다. 기회가 된다면 인용된 도서도 읽어 보시고 '버핏이즘'을 더욱 탐구해 주신다면 좋겠습니다.

구글 스토리 (The Google Story)
- Google 誕生
- 구글 스토리

그래, 맞아!: 무대 뒤의 억만장자 찰리 멍거 (Damn Right!: Behind the Scenes with Berkshire Hathaway Billionaire Charlie Munger)
- 投資参謀マンガー
- 찰리 멍거 자네가 옳아!

디어 미스터 버핏 (Dear Mr. Buffett)
- ウォーレン・バフェット 華麗なる流儀
- 한국어 번역서 없음

만물상점: 제프 베이조스와 아마존의 시대 (The Everything Store: Jeff Bezos and the Age of Amazon)
- ジェフ・ベゾス果てなき野望
- 아마존, 세상의 모든 것을 팝니다

버크셔 해서웨이의 뒷이야기 (Behind the Berkshire Hathaway Curtain)
- バフェット合衆国
- 한국어 번역서 없음

버핏&게이츠 후배와 이야기하다 (Warren Buffett and Bill Gates: Go Back to School)
- バフェット&ケイツ　後輩と語る
- 한국어 번역서 없음

버핏: 미국 자본가의 탄생 (Buffett: The Making of an American Capitalist)
- ビジネスは人なり　投資は価値なり
- 버핏: 21세기 위대한 투자신화의 탄생

스노볼 (The Snowball)
- スノーボール
- 스노볼

워런 버핏의 주주총회 (Pilgrimage to Warren Buffett's Omaha)
- バフェットの株主総会
- 한국어 번역서 없음

워런 버핏의 말: 세계 최고 투자자의 재치와 지혜 (Warren Buffett speaks : wit and wisdom from the world's greatest investor)
- ウォーレン・バフェット 自分を信じるものが勝つ! (초판) バフェットの投資原則 (개정판)
- 워렌 버핏, 부의 진실을 말하다

워런 버핏의 편지 (The Essays of Warren Buffett)
- バフェットからの手紙
- 워런 버핏의 주주 서한

투자자 짐 로저스와 함께하는 오토바이 세계 일주 (Investment Biker: Around the World with Jim Rogers)
- 冒険投資家ジム・ロジャーズ 世界バイク紀行
- 월가의 전설 세계를 가다

프로페셔널의 조건 (The Essential Drucker on Individuals)
- プロフェッショナルの条件
- 프로페셔널의 조건

현명한 투자자 (The Intelligent Investor)
- 賢明なる投資家
- 현명한 투자자 개정4판

1000달러를 버는 1000가지 방법 (One Thousand Ways to Make $1000)
- 1000ドルを儲ける1000の方法
- 백만장자가 되는 1000가지 비밀

닛케이 ESG (日経ESG)

닛케이 베리타스 (日経ヴェリタス)

닛케이 비즈니스 (日経ビジネス)

손자병법 (孫子兵法)

————————

＊제목 (원서)
- 일서 제목
- 한국어 번역 제목

워런 버핏의 8가지 투자 철학

초판 1쇄 발행 · 2022년 7월 30일
초판 2쇄 발행 · 2022년 8월 19일

지은이 · 구와바라 데루야
옮긴이 · 이해란
펴낸이 · 이종문(李從聞)
펴낸곳 · 국일증권경제연구소

등　록 · 제406-2005-000029호
주　소 · 경기도 파주시 광인사길 121 파주출판문화정보산업단지(문발동)
영업부 · Tel 031)955-6050 | Fax 031)955-6051
편집부 · Tel 031)955-6070 | Fax 031)955-6071

평생전화번호 · 0502-237-9101~3

홈페이지 · www.ekugil.com
블 로 그 · blog.naver.com/kugilmedia
페이스북 · www.facebook.com/kugilmedia
E-mail · kugil@ekugil.com

·값은 표지 뒷면에 표기되어 있습니다.
·잘못된 책은 구입하신 서점에서 바꿔드립니다.

ISBN 978-89-5782-213-5 (13320)